dtv

»Ich kann mir das einfach nicht merken!« Diesen Satz haben wohl alle Eltern schon gehört. Doch in der Schule kommt man ums Lernen nun mal nicht herum. Wie also können Kinder Wissen schnell und dauerhaft speichern, um sich zähe Stunden am Schreibtisch zu ersparen?
Entscheidend ist, zu Hause und in der Schule eine Lernatmosphäre zu schaffen, in der das Gedächtnis gern und stressarm Höchstleistungen vollbringt. Lerninhalte effektiv aufzunehmen und optimal abzuspeichern ist die Voraussetzung für ein gutes Gedächtnis und dies wiederum ist die Grundlage dafür, dass Kinder ihre Begabungen und ihre Kreativität optimal entwickeln können. Untersucht werden Fragen wie: Welchen Einfluss haben Fernsehkonsum und Computerspiele auf das Lernen? Wie werden frische Gedächtnisspuren zu dauerhaften Inhalten? Welche Störfaktoren bremsen die Gedächtnisleistung? Welche Rahmenbedingungen sind günstig? Wie kann man das Gedächtnis trainieren – ohne das Kind zu überfordern? Ein nach Altersstufen gestaffelter Testteil zeigt, wo das Potenzial und die Schwächen eines Kindes liegen. Tipps und Übungen setzen diese Erkenntnisse in einen konkreten Aktionsplan um.

Claudia Tebel-Nagy, geboren 1957, lebt in Wien. Die Journalistin und Autorin arbeitet für Zeitungen, den Rundfunk und verschiedene TV-Sender.

Leichter lernen mit FOCUS SCHULE

Claudia Tebel-Nagy

Gedächtnis

Wie Eltern ihr Kind unterstützen können

Mit Test und Übungen

Herausgegeben von Gaby Miketta

Wissenschaftliche Beratung:
Prof. Dr. Martin Korte,
Hirnforscher an der Technischen Universität Braunschweig

Deutscher Taschenbuch Verlag

Weitere Bände der Reihe ›Leichter lernen mit FOCUS-SCHULE‹ im Deutschen Taschenbuch Verlag:

Petra Thorbrietz: Konzentration (34445)
Ischta Lehmann: Motivation (34475)

Für Nina

Originalausgabe
September 2008

Umschlaggestaltung und -illustration: Björn Maier/FOCUS
Test: youngworld-Institut, München · Layout: Gundi Hösl
Satz: Greiner & Reichel, Köln
Gesetzt aus der Candida 9,5/13'
Druck und Bindung: Druckerei C. H. Beck, Nördlingen
Gedruckt auf säurefreiem, chlorfrei gebleichtem Papier
Printed in Germany · ISBN 978-3-423-34506-4

INHALT

WARUM IST EIN GUTES GEDÄCHTNIS SO WICHTIG?

Englische Vokabeln zu pauken ist so ziemlich »das Ätzendste«, was Jan sich vorstellen kann. Jans Mutter hält kopfschüttelnd die Vokabeltabellen ihres zwölfjährigen Sohnes in der Hand und wundert sich. Zum einen durchfährt sie ein Glücksgefühl: Sie kann sich noch an viele der Vokabeln und deren Bedeutung erinnern, an ihre lustige Englischlehrerin, die schielte, sogar an ihr Englischbuch, das sie mit bunten Stickern beklebt hatte. Zum anderen versteht sie nicht wirklich, warum Jan nach dem dritten Abfragedurchgang sein Lernpensum immer noch nicht »draufhat«. Sie hält ihren Junior nämlich für ein Gedächtnisgenie. Immerhin kennt er von 80 Pokémons die Namen. Die Phantasiebezeichnungen der Pokémoncharaktere wie »Mew« oder »Picachu« kann er im Schlaf, dazu – jeweils! – deren Typbeschreibung, Größe, Gewicht, Eigenschaft und Entwicklungsstufe. Für Jans Mutter ist das eine Welt, an der sie nicht teilnimmt. Aber Englischvokabeln, die müsste ihr Sohn bei seinem Gedächtnisvermögen doch ähnlich schnell lernen!

Wäre Jan beim Englischlernen ähnlich begeisterungsfähig wie beim wetteifernden Pokémon-Computerspiel mit seinen Freunden, würde er die Vokabeln leicht speichern. Dass Gefühle beim Lernen eine große Rolle spielen, ahnt jede Mutter. Pokémon im Englischunterricht – das wäre für Jans Mutter die Rettung. Da wäre ihr Junge motiviert. Das Pauken von französischen oder spanischen Vokabeln ist für die meisten Schüler genauso lästig. Wer den spröden Stoff nicht regelmäßig wiederholt, vergisst ihn. Es reicht nicht, die Wörtertabellen einmal auswendig zu lernen. Schon am nächsten Tag fragen sich viele: »Wie hieß noch mal die vierte Vokabelbedeutung von oben?« Gleichzeitig machen viele Eltern die Erfahrung, dass ihre Kinder sich in Windeseile in einer fremden Sprache verständlich machen können, wenn sie im Ausland Urlaub machen. Stolz bestellen sich die Kinder ihr spanisches »escalope« (Schnitzel), finden die französischen »jeux de balle« (Ballspiele) lustig oder freuen sich auf die italienische Bootsfahrt »domani« (morgen). Hier gehören die Vokabeln zum Alltag und werden mit Leben gefüllt.

Hirnforscher haben nachgewiesen, dass Emotionen beim Lernen eine entscheidende Rolle spielen. Umgekehrt gesagt: Gedächtnisbildung ohne Emotionen ist gar nicht möglich! Für außergewöhnliche Erlebnisse im Leben ist diese Allianz schnell nachvollziehbar. Große Glücksmomente wie eine Hochzeit, ein sportlicher Sieg oder dramatische Erfahrungen wie ein Unfall oder auch peinliche Situationen werden oft mit einem »Das werd ich nie vergessen!« erzählt. Lernstoff dagegen wird selten mit emotionaler Anteilnahme assoziiert, eher mit Langeweile oder Ablehnung.

Was könnte diese weitreichende Erkenntnis der Grundlagenforschung für den Unterricht in der Schule bedeuten? Welche Strategien können Eltern entwickeln, um ihre Kindern beim Lernen zu unterstützen? Eine junge Disziplin, die »Neurodidaktik«, will helfen, die Erkenntnisse der Neurobiologie für pädagogische Konzepte zugänglich zu machen.

Nach dem PISA-Schock wird aus verschiedenen Richtungen eine neue Lern-, Lehr- und Prüfkultur gefordert. Da jeder Lernvorgang im Kopf stattfindet, sollte die Hirnforschung bei didaktischen Fragestellungen größeres Gehör finden als bisher. Die Lernforschung will dazu beitragen, dass unsere Kinder Spaß am Lernen haben und ihre »Lernmaschine im Kopf« erfolgreich arbeitet. Grundsätzlich ist jedes Kind von Geburt an neugierig und wissbegierig. Kinder erforschen ihre Umwelt. Sie sind glücklich über Aha-Erlebnisse und verkünden stolz: »Ich hab's!« Ziel muss es sein, diesen natürlichen Lerneifer zu erhalten und zu nutzen. Erfolgreiches Lernen erhöht die Lebensqualität unserer Kinder. Fakt ist allerdings auch, dass die Schule den Familienalltag allzu oft in negativer Weise beherrscht. Stress, Angst, Frust, Überforderung und Streit führen inzwischen dazu, dass jeder zweite Gymnasialschüler Nachhilfestunden nimmt. 360 Millionen Euro setzen private Nachhilfe-Institute jährlich in Deutschland um. Mit einer 50-Stunden-Woche toppen Gymnasiasten oft den Arbeitsalltag ihrer Eltern. Dieses Buch will die Erkenntnisse der Gedächtnisforschung zusammenfassen und Methoden vorstellen, die Ihr Kind beim Lernen unterstützen.

Es ist hoch spannend, was die Wissenschaft inzwischen über das Geheimnis von Gedächtnis und Lernen herausgefunden hat. Denkprozesse können heute durch moderne Computertomografen sichtbar gemacht werden. Es ist möglich, Menschen beim Denken ins Gehirn zu schauen. Durch moderne bildgebende Verfahren kann man verfolgen, welche Strukturen und Systeme in einem Menschenhirn bei einer Erinnerung aktiv werden und wie sie zusammenwirken. Einer Forschergruppe um den Neurologen Joe Z. Tsien von der amerikanischen Universität Boston ist es sogar gelungen, einen Teil der Gedächtnisablage bei Mäusen zu visualisieren. Das heißt, im Gehirn von Mäusen fangen Forscher schon an zu lesen.

Warum ist das Gedächtnis für uns Menschen so elementar wichtig? Ob unsere Kinder alle Vokabeln im Kopf speichern, mag vielleicht nicht so wesentlich sein. Die Note, die unter Jans Englischarbeit steht, wird in absehbarer Zeit auch vergessen sein. Unser Schulsystem verleitet zu der kurzsichtigen Vorstellung, relativ viele Lerninhalte in kurzer Zeit bis zur nächsten Schularbeit in die Köpfe der Schüler »trichtern« zu müssen. Wer ein gutes Kurzzeitgedächtnis hat, hat Erfolg. Gute Noten befriedigen Schüler wie Eltern. Dabei ist es meist egal, ob der leidige Lernstoff schnell und oberflächlich eingepaukt wurde, oder ob tatsächlich ein tiefes Verständnis vorliegt, was zu einem kreativen Umgang mit Aufgaben führt.

Die Evolution allerdings hat unser Gehirn nicht so konzipiert, dass wir ein Archiv von einzelnen Fakten anlegen. Was vom Gehirn als »nutzloses Wissen« bewertet wird, wird vergessen. Dabei ist »nicht der Speicherplatz der begrenzende Faktor«, legt der amerikanische Gedächtnisforscher und Nobelpreisträger Eric Kandel auseinander. »Aber wir wollen Platz im Kopf freihalten für Kreativität, für das Herumspielen mit Ideen!« Hinsichtlich einzelner Kleinigkeiten ist Kandel sogar der Überzeugung, dass »Menschen, die ein traumhaftes Gedächtnis haben, sich elendig fühlen. Sie haben das Gefühl, ihr Hirn sei voller Müll«. Das erinnert an die Forderung vieler Hirnforscher und Psychologen an die Bildungspolitiker, die überfüllten Lehrpläne zu entrümpeln und mehr Platz für Geschichten, Zusammenhänge, Erfahrungen zu schaffen.

Die Frage nach der Bedeutung unseres Gedächtnisses ist so einfach wie komplex: Erst einmal ist leicht vorstellbar, dass wir ohne unser Gedächtnis kein normales Leben führen, unseren Alltag gar nicht bewältigen könnten. Wir holen bewusst und unbewusst Erfahrungen aus unserem individuellen Gedächtnis, um zu handeln und um die Zukunft zu planen. Das Gedächtnis entlastet uns auch durch Routinehandlungen, über die wir nicht lange nachdenken müssen.

Neben dieser »praktischen« Eigenschaft stellt das Gedächtnis einen alles überragenden Stellenwert für jeden einzelnen Menschen dar: Unser Gedächtnis beschreibt, wer wir sind. Und es schreibt unsere Lebensgeschichte. Das Gedächtnis ist das Zentrum unserer Identität. Nur durch unser Gedächtnis können wir »ich« sagen und meinen unsere einzigartige Lebensgeschichte mit unserer individuellen Vergangenheit, unserer bewussten Gegenwart und unserer geplanten Zukunft. All unsere Erfahrungen werden in unserem Gedächtnis gespeichert. Gleichzeitig verändert jede einzelne Erfahrung, jeder einzelne Lernvorgang unser Gehirn.

Erfahrungen, die wir machen, prägen sich auf neuronaler Ebene ein.

Bis zum Erwachsenenalter wird sozusagen die Hardware des Gehirns angelegt. Deshalb ist die Hirnentwicklung heranwachsender Menschen von so prägender Bedeutung. »Was Hänschen nicht lernt, lernt Hans nimmermehr«, heißt die Volksweisheit. Darin liegt viel Wahrheit. Allerdings, das kann die Wissenschaft heute nachweisen, entwickelt sich auch das ältere menschliche Gehirn aufgrund seiner Neuroplastizität weiter, was wiederum bedeutet: Das Gehirn bleibt bis ins hohe Alter modulierbar und lernfähig.

Was im Alltag erlebt und auch in der Schule erlernt wird, verändert uns jeden Tag ein klein wenig, weil unsere Hirnstrukturen sich weiterentwickeln und somit unsere Persönlichkeit modulieren. Das gilt im Guten wie im Schlechten: Jans Mutter kann sich noch gut an ihren Englischunterricht erinnern, an Details, natürlich nicht an alle Vokabeln, dafür an Regeln und Zusammenhänge. Ein positiver Lernerfolg! Hingegen verzieht sich das Gesicht von Jans Großmutter heute noch, wenn sie von ihrem schrecklichen Mathelehrer berichtet, der ihr mit Verachtung, Strafen und sogar mit Schlägen die Mathematik für alle Zeiten vergällt hat. Ein nachhaltiger und negativer Lern»erfolg«.

Jeder kann von vergleichbaren Erfahrungen berichten. So mühsam es sein kann, einen geforderten Lernstoff dauerhaft in sein Hirn zu prägen, so unmöglich ist es, unliebsame Lernerfahrungen zu vernichten. Eine Löschtaste im Gedächtnis gibt es nicht. Umso mehr liegt es in unserer Verantwortung, einen Weg zu finden, auf dem wir unseren Kindern eine sinnvolle Bildung ermöglichen, durch die sie mit erlerntem Wissen kreativ umgehen können und Probleme lösen lernen.

Die Forschung weiß heute viel über das lernende Gehirn und über die Ursachen dafür, was wo und warum in unserem Gedächtnis breiten Platz einnimmt – und was erst gar keine

Chance hat, sich »festzuhaken«. Und auch wenn sich die Neurowissenschaftler nicht über alle didaktischen Konsequenzen einig sind, so ist doch eines sicher: Das Gehirn lernt immer. »Das Gehirn kann nichts besser und es tut nichts lieber«, erklärt der Ulmer Neurologe Manfred Spitzer.

Im Zentrum dieses Buchs stehen für den Schulerfolg entscheidende Fragen: Wie werden frische Gedächtnisspuren zu dauerhaften Inhalten? Wie lernt man Gedichte oder Jahreszahlen sicher auswendig? Wie behält man Grammatikregeln oder Physikformeln? Inwieweit ist die Lernatmosphäre wesentlich für einen Lernerfolg? Welche Rahmenbedingungen sind für das Lernen günstig? Was erreicht man mit mechanischem Pauken? Wie wichtig ist eine gute Beziehung zum Lehrer? Welchen Einfluss haben Fernsehkonsum und Computerspiele auf das Lernen? Warum versagt mein Kind plötzlich bei Klassenarbeiten, obwohl es vorher alles konnte? Was passiert bei einem sogenannten Blackout während der Prüfung? Wie kann man dem Gedächtnis die Arbeit erleichtern? Welche Störfaktoren bremsen die Gedächtnisleistung? Welches Gedächtnistraining macht Sinn? Gibt es hilfreiche »Hirnnahrung«? Wo bekomme ich Hilfe, wenn sich mein Kind einfach nichts merken kann?

Ein Gedächtnistest für Sieben- bis Zwölfjährige soll Ihnen erste Hinweise geben, was und wie sich Ihr Kind Dinge gut merken kann, und wo sich eventuell Schwächen zeigen. Übungen zur Steigerung der Gedächtnisfähigkeit finden Eltern ab S. 81 Ein Aktionsplan bietet konkrete Hilfestellung, wie Schüler ihre Gedächtnisleistung nach und nach optimieren können.

Es geht hier nicht um oberflächliche Tipps und Tricks, wie ein Schüler ›Die Glocke‹ von Schiller perfekt auswendig lernt oder Vokabeln herunterrasselt. Im Zentrum des Interesses steht, wie wir zu Hause und in der Schule eine Lernatmosphäre schaffen, in der das Gedächtnis gern und stressarm Höchstleistungen vollbringt. Praktische Hilfestellungen verbunden mit den neuesten Erkenntnissen der Lernforschung sollen dazu beitragen, dass Schüler fit im Kopf werden. Lerninhalte effektiv aufzunehmen und optimal abzuspeichern ist die Voraussetzung für ein gutes Gedächtnis und dies wiederum ist die Grundlage dafür, dass Kinder ihre Begabungen und ihre Kreativität optimal entwickeln können.

»Kinder sind keine Fässer, die gefüllt, sondern Feuer, die entzündet werden wollen.« Dieser kluge Satz stammt von dem berühmten französischen Dichter und Arzt François Rabelais. Als hätte er bereits im 16. Jahrhundert mit Röntgenaugen in motivierte Schülerhirne schauen können, um dabei zuzusehen, welch neuronales Feuerwerk die Gehirnzellen aufführen, um spannende Inhalte festzuschweißen!

WAS IST DAS GEDÄCHTNIS?

Wie die Menschen sich das Gedächtnis vorstellen, hängt offensichtlich vom Zeitgeist ab, und, damit verbunden, mit aktuellen Möglichkeiten der Speichertechnik. Heute wird das Gedächtnis häufig mit der Festplatte eines Computers verglichen, auf der wir Informationen und Gelerntes abspeichern und wieder abrufen. Vielen ist diese Vorstellung bereits zu begrenzt. Das Gehirn sei viel eher nach dem Prinzip des World Wide Web aufgebaut, das schier grenzenlos vernetzt ist.

Noch in der Antike war Aristoteles überzeugt davon, dass der Sitz des Gedächtnisses im Herzen ruhe und dort Erinnerungen abspiele. Platon hatte um 400 v. Chr. die Vorstellung, in der Seele gestalte sich das Gedächtnis wie eine Wachstafel: »Was sich nun abdrückt, daran erinnern wir uns. Wurde es aber gelöscht oder konnte es auch gar nicht eingedrückt werden, so vergessen wir die Sache und wissen sie nicht.« Nach der Erfindung des Buchdrucks verglich man das Gedächtnis mit einer Bibliothek. Oder die Errungenschaften von Foto- und Filmkameras und Tonbändern sollten veranschaulichen, auf welche Weise das Gehirn unsere Erfahrungen aufzeichnet und bei Bedarf immer wieder abspielen kann.

Heute weiß die Hirnforschung schon sehr viel über den komplexen Aufbau unseres Gedächtnisses und über seine Speichervorgänge. Vieles konnte erst in jüngster Zeit durch moderne bildgebende Untersuchungsmethoden und Operationen am Gehirn herausgefunden werden. So gab es noch vor wenigen Jahrzehnten abenteuerliche Theorien über Speichermöglichkeiten des Gehirns: Eine Gruppe von Neurophysiologen wollte in den 60er-Jahren sogenannte Gedächtnismoleküle nachweisen: Erinnerungen seien demnach in Form von Eiweißstoffen im Gehirn gespeichert. James McConnell von der US-Universität Michigan hatte in einem Experiment Plattwürmern beigebracht, das Licht zu meiden. Diese »dressierten« Plattwürmer wurden an ihre Artgenossen verfüttert, die dann angeblich auch das Licht mieden. Die ›New York Times‹ resümierte daraufhin: »Verspeisen Sie Ihren Professor!«

Was ist nun also das Gedächtnis wirklich? Wie funktioniert es? Und wo sitzt es? Ist die heute populäre Vorstellung so falsch, sich das Gehirn als Festplatte vorzustellen, auf der wir Erfahrungen als »Dokumente« abspeichern und sie nach Bedarf durch Anklicken abrufen können? Das Gedächtnis wäre also die Hardware mit Neuronen im Gigabereich und die Gedanken wären die Software? Und wenn wir etwas gerade nicht erinnerten, dann hätten wir es nur »schlecht oder versteckt abgelegt«?

Lernen verändert jedes Gehirn ständig

Gott sei Dank ist unser Gehirn kein Klumpen Hardware von etwa 1,3 Kilogramm, dem es egal ist, welche Software auf ihm abgespielt wird. Unser Gehirn läuft deshalb so gut – und stürzt nicht ab! –, weil es sich permanent an unsere Software anpasst. Genau genommen liegt im Schalt- und Vernetzungsplan des Gehirns ein Teil der Software bereits begründet, weshalb, spitzfindig formuliert, im menschlichen Gehirn keine Unterteilung in Hard- und Software möglich ist. Es ist sogar so ökonomisch mit seinem Speicherplatz von bis zu 100 Milliarden Nervenzellen, dass es neuronale Verbindungen, die es nicht braucht, aktiv um- und abbaut.

Unsere Hirnstrukturen ändern sich fortwährend, weil sie sich an unsere Lebenserfahrungen und an unsere Umgebung zeitlebens anpassen. Unser Gehirn ist also in keiner Weise ein statisches Organ, sondern verfügt über Flexibilität. Diese

Anpassungsvorgänge werden in der Wissenschaft als *Neuroplastizität* bezeichnet. Das Gehirn speichert nicht nur Informationen, wie es ein Computer macht, es interpretiert sie automatisch. Insofern hinkt auch der weiterführende Vergleich des Gehirns mit dem Internet. Denn schließlich ist unser Gehirn systematisch vernetzt. Und die systematische Vernetzung hat das Ziel, sinnvoll zu handeln. Es soll »etwas Gescheites« dabei herauskommen, wenn die vorhandenen Informationen aus dem Gedächtnis abgerufen werden. Und das Hirn gibt auch eine Rückmeldung, ob es geklappt hat oder nicht. Genau das aber leistet das Internet nicht.

Das Gehirn ist die Basis unseres Gedächtnisses. Das, was wir individuell erfahren und lernen, bildet unsere Hirnstrukturen und somit unser Gedächtnis. Das Gehirn wie das Gedächtnis eines jeden Menschen ist also einzigartig – selbst eineiige Zwillinge haben unterschiedliche, durch ihre individuelle Erfahrung gestaltete Gehirne.

Am größten ist die Neuroplastizität des Gehirns während des Heranwachsens eines Kindes. Deshalb ist dieser Lebensabschnitt für die Entwicklung seines Bewusstseins, seiner Persönlichkeit, Intelligenz und eben auch seines Lernverhaltens so herausragend wichtig. Hirnregionen sind nur in der Zeit formbar, in der sie reifen. Schon während der Schwangerschaft werden die Hirnanatomie und Grobvernetzung angelegt. Die individuelle Feinvernetzung erfolgt ab der Geburt sukzessive durch die Umwelt. Jetzt versuchen Neuronen untereinander Verbindung aufzunehmen. Das neuronale Netzwerk entsteht nach einem vorläufigen Muster, das genetisch determiniert ist: Gefühle und Lernerfahrungen bauen quasi ein einzigartiges Straßennetz, bei dem die Autobahnen für die grundlegenden Denkprozesse konstruiert werden. Dieses prägende »Hauptverkehrsnetz« bleibt für spätere Lernvorgänge bestehen. Nebenbahnen werden permanent dazugebaut, das Netz wird immer enger und »befahrener«. Bleiben Außenreize aus oder werden Lernerfahrungen nicht zugelassen, dann können bereits bestehende Nervenfasern zwischen den Neuronen innerhalb weniger Tage wieder abgebaut werden, weil es im Verschaltungsplan des Gehirns Mechanismen gibt, die nicht benutzte neuronale Schaltkreise zum Abbau veranlassen. Die sensorischen Hirnregionen entwickeln sich in der frühen Kindheit, das emotionale System ist bis zur Pubertät vernetzt und die Frontallappen, Sitz des Verstandes, haben sich erst im 20. Lebensjahr voll entwickelt.

Dabei schafft das Gehirn in bestimmten kritischen Perioden die Basis für spätere Fähigkeiten und Verhaltensweisen. Die Hirnanatomie und die Dynamik seiner Vernetzung entwickeln sich in Schüben. In diesen Schubperioden ist das Gehirn besonders empfindlich und prägsam gegenüber Umwelteinflüssen. Ein wichtiger Schub ereignet sich während der ersten beiden Lebensjahre. In dieser Zeit findet eine massive Überproduktion von Kontakten zwischen Nervenzellen (Synapsen) statt, die dann – je nachdem, ob sie genutzt werden oder nicht – selektiv eliminiert werden. Ein weiterer Umbau von neuronalen Verbindungen vollzieht sich noch einmal während der Pubertät, hier vor allem im Stirnlappen, der sowohl langfristige Planungen als auch unsere Gefühle kontrolliert (siehe S. 45).

Wenn Geiger üben

Eingeteilt ist das Gehirn in zwei Hälften, wobei die linke Großhirnhemisphäre für die rechte Körperseite zuständig ist, und umgekehrt die rechte Hirnhälfte den linken Körperteil »betreut«. Die Nervenzellen der Hirnrinde bekommen elektrische und chemische Signale von den Sinnesorganen. Fast jeder Körperteil sendet über periphere Nerven Signale zum Gehirn. Berührt man zum Beispiel mit der Fingerkuppe des linken Mittelfingers die Saite einer Geige, dann erzeugen Tastkörper der Fingerkuppe Impulse, die über Nervenfasern weitergeleitet werden und in der rechten Hirnhälfte bei denjenigen Neuronen landen, die für eben diese Fingerkuppe zuständig sind. Die Neurone verarbeiten und kodieren also nur ganz spezielle Sinnesinformationen. Man nennt das: Sie *repräsentieren* etwas (lat. re: wieder, praesentare: vergegenwärtigen). So gibt es Neurone in der Hirnrinde, die die einzelnen Fingerkuppen repräsentieren, oder Neurone, die die Lippen repräsentieren, oder solche, die den Rücken repräsentieren. In unserem Gehirn gibt es sozusagen eine »Landkarte« unseres Körpers, die bereits im Mutterleib entsteht.

Wenn ein Kind nun frühzeitig Geige spielen lernt, und täglich mit den Fingerkuppen seiner linken Hand auf den Geigensaiten Erfahrungen macht, dann hat das Auswirkungen in seinem Gehirn. Zwar steigt nicht die Anzahl der Neurone, dafür aber vervielfachen sich die der Synapsen. Jede Nervenzelle steht mit tausend bis zehntausend anderen Nervenzellen in Kontakt. Wird eine Nervenzelle von einem ankommenden Reiz erregt, dann leitet sie mit Hilfe von chemischen Botenstoffen über diese knötchenartigen Verbindungen ein Signal an verbundene Neurone weiter. Man sagt: Die Nervenzelle »feuert«, wenn sie Aktionspotentiale ausbildet, die mit hoher Geschwindkeit an der Nervenfaser (Axon) entlanglaufen, und dann an den Synapsen die Ausschüttung von Botenstoffen bewirken. Wenn nun zwei Nervenzellen miteinander verbunden sind und gleichzeitig aktiviert werden (wie dies bei Assoziationen, Informationen oder stattfindenden Erlebnissen der Fall ist), verstärken sich die Synapsen zwischen diesen Nervenzellen. Je häufiger ein bestimmtes »synchrones Feuererlebnis« im Gehirn stattfindet, desto dichter wird das befeuerte Neuronennetz verschweißt, und desto intensiver und langlebiger ist das Erlernte. Übt das Kind also oft und regelmäßig Geige, dann vervielfältigen und verstärken sich die synaptischen Verbindungen durch die synchrone Aktivierung der immer gleichen sensorischen und motorischen Abläufe. Die Fingerkuppen der linken Hand werden in dem Gehirn des jungen Geigenspielers stärker repräsentiert und nehmen deutlich mehr Platz ein als bei einem Gleichaltrigen, der diese Erfahrungen nicht macht. Das bedeutet: Durch die statistische Häufigkeit und Ähnlichkeit des Tastinputs erhalten die Fingerkuppen im Hirn mehr Platz, und zwar in einem Größenbereich von Millimetern. Seltener Input erhält weniger Platz.

Neben den Repräsentationen in der Hirnrinde, die quasi eine Landkarte unseres Körpers darstellen, gibt es zudem Repräsentationen in anderen Hirnbereichen, die Gefühlszustände unseres Körpers abbilden wie Wohlwollen oder Wut, Entspannung oder Ekel. Wenn die junge Geigerin ihre Geige liebt, wird sie allein beim Betrachten des Instruments ein angenehmes Gefühl verspüren. Wenn ein Schüler schlechte Erfahrungen mit einem Lehrer macht, wird bereits eine Erinnerung bei dem Schüler ein Abwehrgefühl hervorrufen. Dies passiert, ohne dass wir das Gefühl steuern können. Durch den Reiz wird schlicht eine neuronale Repräsentation aktiv und verarbeitet. Und wie »ferngesteuert« ein junges Mädchen allein beim Anblick ihres neuen Freundes ist, zeigt, wie gut der junge Mann sich bereits in den Hirnwindungen der Verliebten repräsentiert hat, und Gänsehaut, die Assoziation eines Musikstücks oder Glück auslöst. Diese Außenweltrepräsentationen in uns können sich aber auch ändern: Wird der Geliebte zum Ex, ändern sich auch die Gefühlszustände. Und wird der Lehrer plötzlich nett, verständlich und lobt, dann werden andere Repräsentationen im Gehirn des Schülers entwickelt und aktiv.

Wenn Taxifahrer den Weg suchen

Ein bahnbrechender Nachweis brachte in den 90er-Jahren die Hirnforschung in große Aufregung: Die bisherige Überzeugung, dass Hirnzellen von Erwachsenen sich nicht mehr teilen, abgestorbene Hirnzellen sich also nicht nachbilden könnten, wurde widerlegt. Im Hippocampus, einer kleinen, inneren Struktur des Großhirns, können auch bei erwachsenen Menschen neue Nervenzellen entstehen. Er ist für das Lernen von Neuem unabdingbar und entscheidet als »Organisator« darüber, in welche Gedächtnisschubladen das neu Gelernte in der Großhirnrinde abgelegt wird. Der Hippocampus kann sogar wachsen, was möglicherweise eine wichtige Rolle bei Lernprozessen spielt.

Eine kuriose Untersuchung veranschaulicht die Bedeutung des Zellwachstums im Hippocampus: Londoner Taxifahrer haben einen im Durchschnitt größeren Hippocampus als andere Menschen. Als Ursache sehen Neurologen den außergewöhnlichen Umstand, dass die Taxifahrer in dieser siebeneinhalb Millionen Einwohner zählenden Stadt ihren Orientierungssinn und ihr Ortsgedächtnis stärker trainieren müssen als andere. Zudem müssen sie eine komplizierte Prüfung bestehen, die oft mehrjähriges Lernen des Londoner Straßennetzes erfordert. Das immense Straßengeflecht der 33 Stadtbezirke auf rund 1600 Quadratkilometern beansprucht ganz offensichtlich den Hippocampus der Taxifahrer in einem derartigen Ausmaß, dass er im Millimeterbereich wächst.

Wo sitzt das Gedächtnis?

Die Begeisterung des zwölfjährigen Mark für Geografie hält sich in Grenzen. Jetzt soll er lernen, wie Argentiniens Provinzen heißen und welche Wirtschaftsstrukturen und Bodenkulturen sie kennzeichnen. Mark muss den Stoff in seinem Gedächtnis speichern. Und er soll ihn morgen im Unterricht wieder abrufen können. Wie gründlich er seine Hausaufgaben über Argentinien aufbereitet hat, wird sich zeigen, wenn er in zwei Wochen die Einzelheiten bei einem Test erinnern soll. Dass der Argentinieninhalt nicht in einer einzigen kleinen »Argentinien-Hirnschublade« kompakt abgelegt und bei einem Test wieder perfekt gebündelt aus der Lade herausgenommen werden kann, hat bereits jedes Schulkind erfahren. Mark wird sich leicht an Argentiniens Hauptstadt Buenos Aires erinnern, auch an den subtropischen Regenwald, durch den Flüsse mit Piranhas fließen. Aber sein Erinnerungsvermögen über die einzelnen Provinzen und deren Wirtschaftsstrukturen könnte so löchrig werden wie seine geliebte Jeans.

Wir haben weder ein nach Schulfächern sortiertes Gedächtnis noch ein Zentrum, bei dem alle gespeicherten Fakten zusammenlaufen. Es findet eine ganz andere Ordnung im Gehirn statt. »Das« Gedächtnis gibt es nicht. Es unterscheidet nach Inhalten und nach Zeit. Das Gehirn beherbergt verschiedene Gedächtnissysteme, in denen die unterschiedlichen Erfahrungen nach unterschiedlichen Funktionen abgelegt werden. Wir kennen das Kurzzeitgedächtnis und das Langzeitgedächtnis. Das Gedächtnis speichert bewusste und unbewusste Erlebnisse. Und komplizierterweise erfolgt die Einspeicherung nicht unbedingt an denselben Hirnstrukturen wie die Erinnerung. »Solche Gedächtnisprozesse finden in weit verteilten, vielgliedrigen Netzwerken statt«, erklärt Hans J. Markowitsch, Grundlagenforscher für Physiologische Psychologie an der Universität Bielefeld.

Bis Erlebnisse und Fakten dauerhaft ihren Platz im Langzeitgedächtnis finden, das über die gesamte Großhirnrinde in einzelne Systeme unterteilt ist (siehe S. 32 ff.), vergeht viel Zeit. Der Hippocampus ist erst einmal eine Art Filter oder Zwischenspeicher für das Faktengedächtnis und für autobiografische Erinnerungen. Er befindet darüber, ob eine Information weiterbearbeitet wird oder nicht, und ob das neue Wissen vom Kurzzeitgedächtnis seinen Weg ins Langzeitgedächtnis findet (siehe S. 36 ff.).

Ist ein gutes Gedächtnis angeboren?

Bei Thomas Gottschalks TV-Show ›Wetten dass …?‹ ernten die »Gedächtnisgenies« größte Bewunderung. Ein Siebenjähriger hat gewonnen, weil er sich merkte, wie 100 Telefonnummern klingen, er konnte dann auch noch die zum Wahlgeräusch gehörigen Namen nennen. Ein Achtjähriger erinnerte zu allen Daten des Gregorianischen Kalenders vom 15.10.1582 bis zum 31.12.3499 den entsprechenden Wochentag. Hat der ein gutes Gedächtnis! Mit der Aufforderung »Auf die Zellen, fertig, los!« kämpfen die besten Gedächtniskünstler um den Titel des Gedächtnisweltmeisters. Offensichtlich gibt es Menschen, die deutlich mehr behalten als andere. Können Gedächtniskünstler sich eine scheinbar grenzenlose Anzahl von Fakten deshalb merken, weil die Natur sie mit einem Superhirn bevorzugt? Sind diese Menschen schlauer als andere? Verfügt ein Gedächtniskünstler über eine besonders hohe Intelligenz? Und ist umgekehrt ein vergessliches Kind weniger intelligent?

Die Intelligenzforschung beschäftigt sich seit über hundert Jahren mit der Frage, inwieweit Gene für die Intelligenz zuständig sind. Jedes Kind hat seine eigene Intelligenz, aus der sich kognitive Fähigkeiten (gut zu denken, zu verstehen und zu urteilen) entwickeln können. Dies hängt von vielen Faktoren ab. Eltern, die mehr als ein Kind haben, werden schnell bestätigen, dass ihre Kinder unterschiedliche Begabungen zeigen. Obwohl Geschwister eine hohe genetische Verwandtschaft aufweisen, hat jedes der Kinder ein ganz individuelles Set an Varianten in seinem Erbgut, was den Sohn vielleicht zu einem begabten Mathematiker oder Skifahrer werden lässt und die Tochter zu einer sprachbegabten Kommunikatorin und Malerin. Wobei die Tochter mit Fleiß und Engagement durchaus auch zu passablen Mathematikleistungen fähig wäre. Und der Junge ist in der Lage, sich – mit größerem Übungsaufwand als seine Schwester, aber doch – gute Sprachkenntnisse anzueignen. Schwächen können durch Übung deutlich abgebaut werden. Viele Kognitionswissenschaftler sind der Überzeugung, dass ein Weniger an Begabung durch ein Mehr an Lernen mindestens zum Teil kompensiert werden kann.

Grundsätzlich gilt: Intelligenz ist zu einem erheblichen Teil angeboren. Dafür sind Tausende von unseren 30 000 bis 40 000 Genen zuständig. Das Intelligenzgen schlechthin gibt es nicht, wie britische Forscher Ende 2007 veröffentlichten. Genauso wenig gibt es »das« Gedächtnis. Intelligenzunterschiede (gemessen als IQ, Intelligenzquotient) unter Menschen haben zu 50 Prozent genetische Ursachen. Hierbei geht es um schnelle Auffassung und zweckvolles Handeln. Das individuelle Erbgut der Verstandeskraft ist bereits ab der Verschmelzung der Samenzelle mit der Eizelle ein Leben lang fixiert. Die kognitiven Gehirnleistungen eines Kindes sind also nicht nur das Ergebnis von Fleiß, schulischer Bildung oder der Erziehung durch die Eltern, sondern ergeben sich zu einem nicht geringen Anteil aus den Funktionen seiner Gene. Dass Mozarts Genie angeboren war, bezweifelt heute kaum jemand. Auch wenn er von seinem ehrgeizigen Vater schon frühzeitig in Musik unterrichtet wurde, können sich Mozarts erste Kompositionen im Alter von vier Jahren nicht durch Üben erklären lassen.

Die individuelle Gehirnanatomie und der Hirnstoffwechsel sind von Anfang an vorgegeben. Im Unterschied dazu allerdings – und das motiviert! – ist die Leistungsfähigkeit von Lern- und Gedächtnisvorgängen nur zu etwa 30 bis 40 Prozent genetisch vorbestimmt. »Eine der Kerneigenschaften guten schulischen Erfolgs lässt sich also in der Tat positiv beeinflussen«, resümiert Martin Korte, Neurobiologe der Universität Braunschweig. Denn hier gilt: »Wissen schlägt IQ!«

Hochbegabte denken schneller

Eine geradezu babylonische Sprachverwirrung herrscht seit einigen Jahren bei den Begriffen »hochbegabt« oder »besonders talentiert«. Ist ein Schüler schon hochbegabt, wenn er in einem einzigen Fach überdurchschnittliche Leistungen bringt? Und wäre sein schrulliges und auffälliges Verhalten neben der singulären Spitzenleistung nicht sogar ein Beweis für eine Hochbegabung? Viele Medien haben geradezu eine Hochbegabtenhysterie hervorgerufen. Es wird diskutiert, wie man ein besonders intelligentes Kind am besten fördert und warum Hochbegabte oft »Problemkinder« seien. In Deutschland schätzt die Gesellschaft für Hochbegabtenförderung die Anzahl der Kinder mit einem IQ über 130 auf etwa 300 000. Sie werden als hochbegabt eingestuft, weil sie neue Inhalte und Problemlösungsstrategien schneller aufnehmen und effizienter anwenden können als 97 Prozent ihrer Altersgenossen, was eben einem IQ von 130 oder darüber entspricht. Bei diesen IQ-Tests wird ausschließlich quantitativ das sogenannte konvergente Denkvermögen getestet. Das sind Denkvorgänge, die auf ein einziges Ziel oder eine bestimmte Lösung hinauslaufen. Divergentes Denken, was oft mit Kreativität gleichgesetzt wird, ist nicht Gegenstand von IQ-Tests. Hier werden für Probleme nicht nur eine Lösung oder ein Ziel gefordert, sondern verschiedenartige.

Hochbegabte denken nicht anders als Normalbegabte, dafür aber effektiver. Sie können schneller denken und lernen, weil sie über eine höhere Merkspanne verfügen. Die Merkspanne ist eine wesentliche Komponente des Arbeitsgedächtnisses, die man braucht, um mehrere neue Informationen im Sinn zu behalten und zu verarbeiten. Je mehr Inhalte sich ein Mensch vergegenwärtigen kann, desto besser kann er neue Informationen mit vorhandenem Wissen abgleichen und verstehen. Eine relativ geringe Merkspanne hingegen haben Kinder, die unter Aufmerksamkeitsdefizitstörungen leiden (siehe S. 79). Sie können nur relativ wenige Informationen im Arbeitsgedächtnis halten und verarbeiten.

Hochbegabte haben höhere intellektuelle Fähigkeiten und wählen häufiger akademische Berufe. Was ihr soziales Verhalten angeht, so zeigen Studien völlig andere Ergebnisse als viele Medien verbreiten. Detlef H. Rost, Professor für Pädagogische Psychologie in Marburg, fordert, die vielen Vorurteile endlich einzumotten. Er meint zu den sozialen Fähigkeiten von Hochbegabten: »Hochbegabte sind wie du und ich.« In einer Längsschnittstudie vergleicht er seit 20 Jahren hochbegabte mit durchschnittlich begabten Kindern. Die Marburger Studie ist mit internationalen Studien einig, dass Verhaltensauffälligkeiten unter Hochbegabten genauso oft vorkommen wie unter durchschnittlich Begabten. Außerdem sind hochbegabte Kinder meist in vielen Fächern überdurchschnittlich und nicht nur in einem. Eltern sollten sich und ihr Kind, das in einem Fach überdurchschnittliche Leistungen zeigt, nicht gleich mit der Frage nach einer möglichen Hochbegabung verwirren lassen.

Das »perfekte« Gedächtnis hat Defizite

Geradezu übermenschlich anmutende Gedächtnisleistungen zeigen einige »Savants«. Savants (frz. Wissende) verfügen über sogenannte Inselbegabungen, die in bizarrem Gegensatz zu ihren übrigen stark unterdurchschnittlichen Fähigkeiten stehen. Aufsehen erregte in letzter Zeit zum Beispiel der US-Amerikaner Stephen Wiltshire, der sich selbst »Die lebende Kamera« nennt. Mit seinem fotografischen Gedächtnis kann er die Ansicht von Rom detailgetreu bis auf die einzelnen Fassaden nachzeichnen, nachdem er sie sich eine halbe Stunde lang während eines Hubschrauberfluges eingeprägt hat. Die meisten Savants sind männlich, mehrheitlich autistisch und haben einen IQ von unter 70, sodass sie meist sozial betreut werden müssen. Es gibt verschiedenartige Inselbegabungen, die zwar erst einmal genial scheinen, tatsächlich aber einen Defekt darstellen. Möglicherweise könnte bei Savants eine beschleunigte Neuronenverschaltung während der frühen Schwangerschaft zu einem Hirnschaden geführt haben. Außerdem gibt es Studien, die untersuchen, inwieweit die Filtermechanismen der Gehirne von Savants gestört sind. Diese Gehirndefekte machen umso mehr deutlich, dass das Vergessen oder das Nichtspeichern und Filtern einer Erfahrung wesentliche Grundeigenschaften eines gut funktionierenden Gehirns sind. Unser »löchriges« Gedächtnis ist also kein Fehler, sondern dient der Effizienz und Geschwindigkeit unseres Gedächtnisses.

Wird der Intelligenzquotient rein quantitativ gemessen, so stellt sich immer wieder die Frage nach den qualitativen Unterschieden. Liegen bei Hochbegabten andere Denk- und Hirnstrukturen vor als bei durchschnittlich Begabten? Hierauf gibt es bisher keine zufriedenstellenden Antworten. Diskutiert wird der Hirnstoffwechsel bei Hochbegabten, der, genetisch bedingt, durch seinen niedrigen Energiebedarf eine effizientere Hirnleistung ermöglichen könnte. Tatsächlich müssen sich Menschen mit einem hohen IQ weniger anstrengen, um schnell Aufgaben lösen zu können. Ebenso werden genetische Einflüsse auf intellektuelle Fähigkeiten in der unterschiedlichen Hirnanatomie gesucht. Haben Hochbegabte mehr Nervenzellen? Sind die Nervenzellen stärker verschaltet? Isolieren die Nervenumhüllungen besser und leiten die Reize schneller weiter? Diese Fragen stellt man sich vor allem bei Superhirnen wie Albert Einstein, bei einem Universalgenie wie Leonardo da Vinci oder bei Mozart. Was haben die für ein Hirn, das normale Erdenbürger nicht haben? Die Wissenschaftler haben es sich nicht nehmen lassen, das Gehirn von Albert Einstein nach seinem Tod eingehend zu untersuchen. Tatsächlich stellte man fest, dass eine Hirnregion, die für mathematische Fähigkeiten wichtig ist, mehr Gliazellen als Neuronen aufwies. Das könnte bedeuten, dass dieses Mehr an Gliazellen (Hilfszellen für die Neuronen) mit Einsteins genialer mathematischer Begabung zusammenhängt. Allerdings beweist dies nicht, dass Einsteins Genie angeboren ist. Allein Einsteins permanente Beschäftigung mit der Mathematik kann sehr wohl die Veränderung dieser Hirnstruktur bewirkt haben. Schließlich ist die Erfahrung die Architektin unseres neuronalen Netzwerkes!

Wie arbeitet das Gedächtnis?

Das Gehirn ist ein ökonomisches Organ. Wenn es alle Außenreize und Informationen, jede alltägliche Kleinigkeit speichern würde, würde es vermutlich explodieren. In jedem Fall wären wir durch solch eine grenzenlose Reizüberflutung handlungsunfähig. Das Gehirn differenziert und selektiert also neue Inhalte, um effizient arbeiten zu können. Und diese Auswahl löst jedes Gehirn individuell. Unser Gedächtnis speichert nur die Dinge, denen wir eigens eine *Bedeutung* beimessen und die wir bewusst und emotional verarbeiten. Gefühle sind also maßgeblich an der Gedächtniseinspeicherung beteiligt. Verantwortlich dafür ist das sogenannte limbische System, das hirnanatomisch wie ein Ring direkt unter der Großhirnrinde liegt. Im limbischen System, den Gefühlszentren des Gehirns, zu denen auch der »Neuigkeitsdetektor« Hippocampus gehört, wird jeder »Neuzugang« emotional bewertet. Keine neue Information, die das Faktengedächtnis oder autobiografische Erinnerungen betrifft, kann in den Langzeitspeicher, ohne dass sie das limbische System passiert, das wie ein Filter arbeitet, Informationen heraussucht, mit Gefühlen verbindet und später an die darüberliegende Großhirnrinde dauerhaft verteilt. Je häufiger dieser Prozess stattfindet und je stärker er emotional besetzt ist, desto schneller wird gelernt und desto länger wird behalten.

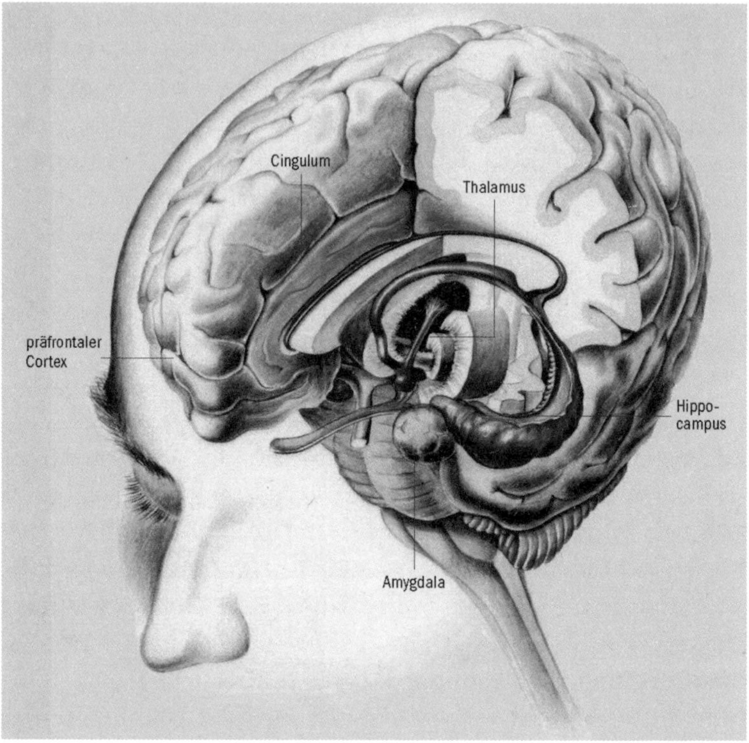

Im Zusammenspiel von Großhirnrinde und limbischem System wird entschieden, was an Fakten und autobiografischen Erinnerungen in den Gedächtnisspeicher gelangt. In der Großhirnrinde ist der präfrontale Cortex im Stirnlappenbereich entscheidend, im limbischen System der Hippocampus. Im limbischen System wird generell alles Neue erst mal emotional bewertet. Hier spielt die Amygdala, ebenso wie der Hippocampus eine wesentliche Rolle. Der Hippocampus ist darüber hinaus eng vernetzt mit Arealen im Thalamus, die ebenfalls wichtig sind für autobiografische Gedächtnisfunktionen. Schließlich gibt das Cingulum den neuen gefühlsgetönten Eindruck an die Großhirnrinde weiter. Je stärker ein Inhalt emotional bewertet wird und je häufiger er die Gedächtnisrelaisstationen durchläuft, desto besser wird gelernt.

Den argentinischen Provinznamen, die Mark für seinen Geografietest lernen soll, misst er in Wahrheit kaum Bedeutung bei. Er kann mit ihnen nichts anfangen und in seinem Gedächtnis gibt es nichts, womit er sie verbinden könnte. Es reagiert dementsprechend ignorant und will sich mit einer scheinbar so wertlosen Information nicht belasten. Die Piranhas dagegen, diese fleischfressenden, furchterregenden kleinen Schwarmfische, findet Mark spannend. Von den Regenwäldern hat er ein Bild im Kopf, weil er schon mal im Botanischen Garten war. Sein Gehirn verknüpft diese neuen Informationen mit den alten und gibt ihnen erst einmal »Asyl«.

Der Neuigkeitswert, die Bedeutung und die Intensität der Beschäftigung entscheiden also darüber, an was wir uns erinnern. Starke emotionale Erlebnisse werden vom Gedächtnis anders behandelt als persönlich belanglosere, und neutrale Fakten werden mühsamer aufgenommen als persönliche Erfahrungen. Neutrale Inhalte wie Schulstoff müssen bewusst bearbeitet werden, wiederholt, modifiziert, ergänzt – schlicht geübt. Und es gilt das Erinnerungsprinzip »First in last out«, was soviel bedeutet wie: Was man als Erstes gelernt hat, bleibt am besten haften. Frische Inhalte müssen sich erst durch bewusste Auseinandersetzung verdienen, dauerhaft im Gedächtnis aufgenommen zu werden und bleiben zu dürfen. Insofern ist der Ausdruck »Wissen weitergeben« irreführend. Wissen kann nicht kompakt weitergereicht werden, sondern muss sich bei jedem Menschen durch eigene Nervenverbindungen aufbauen. Goethe kannte den Grundsatz: »Erwirb es, um es zu besitzen!«

Dass unser Gehirn ökonomisch und mit vielen Filtern arbeitet, bedeutet aber nicht, dass unser großer Speicher, das Langzeitgedächtnis, vielleicht irgendwann einmal überfordert werden könnte. Die Großhirnrinde hat eine nahezu unfassbar große Speicherkapazität. Auch für das Gedächtnis von Schülern gilt: Je mehr man es füttert, desto besser und schneller kann es denken und Neues lernen.

Vieles behalten wir nur kurz, manches ewig

Manche Informationen speichern wir nur so lange, wie wir sie brauchen, um handeln zu können, zum Beispiel die Seitenzahl im Geschichtsbuch, wo die Schlacht von Waterloo erklärt wird. Diese Inhalte landen in unserem *Ultrakurzzeitgedächtnis.* Hier behalten wir eine Telefonnummer, schlagen sie nach, wählen – und haben sie auch schon wieder vergessen. Nicht zu verwechseln ist das Ultrakurzzeitgedächtnis mit unserem *Arbeitsgedächtnis*, das viele wichtige Funktionen erfüllt und nicht nur eine begrenzte Speicherzeit meint. Mit unserem Arbeitsgedächtnis lösen wir Rechenaufgaben mit Zwischensummen, bewegen uns im Straßenverkehr, bereiten das Pausenbrot vor, lösen aktuelle Probleme und verstehen das neue Kapitel über den Bau der Pyramiden. Die Speicherkapazität des Arbeitsgedächtnisses, das direkt hinter der Stirn liegt, ist zwar begrenzt (sieben plus/minus zwei Einzelelemente), lässt sich aber durch Üben erweitern. Die Gedächtnisspanne zu messen, ist auch fester Bestandteil von Intelligenztests. Je größer die gegenwärtige Merkfähigkeit, desto eher werden kompliziertere Denkvorgänge ermöglicht und desto eher kann man mit vielen Informationen jonglieren. In unserem Arbeitsgedächtnis steuern wir auch die Aufmerksamkeit und Denkprozesse, die gerade aktuelle Wahrnehmungsvorgänge mit Informationen aus unserem Langzeitgedächtnis verbinden. Die geistige Beweglichkeit, die eng mit dem Arbeitsgedächtnis verbunden ist, reift mit der Entwicklung des Stirnlappens. Können Kleinkinder anfangs nur ein bis zwei Elemente in ihrem Arbeitsgedächtnis festhalten, schafft ein vierjähriges Kind schon etwa fünf oder sechs Elemente. Ab dem 20. Lebensjahr bereits verringert sich die geistige Beweglichkeit. Ein 40-Jähriger versteht nicht mehr so schnell wie ein 30-Jähriger und mit 60 Jahren muss man sich schon ziemlich anstrengen, um neue Inhalte zügig aufnehmen zu können. Allerdings gilt bei geistiger wie körperlicher Beweglichkeit dasselbe Leistungsprinzip: Übung hält fit!

Hohe Wertigkeit haben für uns persönliche Erlebnisse, die wir – je nach Bedeutung und Gefühlsintensität – für immer behalten werden oder in den Hintergrund treten lassen.

Ewig im Langzeitgedächtnis bleiben, ohne dass wir das bewusst steuern könnten, eine Hochzeit, ein sportlicher Sieg oder ein Unfall. Unvergessen bleibt die erste Sechs in einer Klassenarbeit, das peinlichste Versagen oder die erste Eins in einem Problemfach. Manche können sich beim 40-jährigen Abiturtreffen noch daran erinnern. Und es gibt bedeutende Inhalte, die wir ein Leben lang nicht vergessen, obwohl sie uns nicht persönlich betreffen, wie zum Beispiel der Terroranschlag in New York am 11. September 2001 oder der Tod von Princess Diana.

Dann gibt es wiederum Inhalte, die wir lernen wollen oder müssen, weil wir sie für unseren Lebensplan brauchen. Dazu gehören schulische Inhalte. Diese Fakten müssen wir uns erarbeiten und wiederholen, bevor wir sie als erinnertes Wissen abrufen können. Indem wir uns mit diesen Inhalten beschäftigen, landen sie in Hirnstrukturen, die unser *Kurzzeitgedächtnis* ausmachen. Ob sie langfristig behalten werden, entscheidet die Intensität und Vielseitigkeit, mit der wir uns mit dem neuen Wissen auseinandersetzen. Zwar können wir relativ schnell neue Inhalte begreifen, ob die dann aber aus dem Kurzzeitgedächtnis ins *Langzeitgedächtnis* überführt werden oder wieder herausfallen, entscheiden viele Faktoren wie Interesse, Motivation, Konzentration und Übung, aber auch Persönlichkeitsmerkmale wie Frustrationstoleranz oder Ehrgeiz. Der Weg zum Langzeitgedächtnis ist lang. Es kann Wochen und Monate dauern, bis sich Wissen dort dauerhaft konsolidiert. Manche Didaktiker fordern deshalb auch, Leistungsüberprüfungen in längeren Abständen durchzuführen und nicht nur im Wochenrhythmus. Die neuen Inhalte würden, so meinen sie, für den Test kurz auswendig gelernt und danach wieder größtenteils vergessen.

Das Langzeitgedächtnis hat viele Speicher

Auch das Langzeitgedächtnis ist kein statisches Lagerregal, sondern ein weit verzweigtes, dynamisches und modulierbares Netzwerk in unserem Gehirn. Heute diskutiert man vier verschiedene Typen des Langzeitgedächtnisses, die in unserem Gehirn für qualitativ unterschiedliche Arten von Inhalten zuständig sind. Man nimmt an, dass sich diese verschiedenen Systeme während der Evolution nacheinander entwickelt haben, und sich auch im heutigen heranwachsenden menschlichen Gehirn teilweise nacheinander bilden und aufeinander aufbauen. Natürlich sind diese Gedächtnisarten nicht kategorisch voneinander zu trennen, sondern arbeiten zusammen.

Das Langzeitgedächtnis ist in verschiedenen Regionen des Gehirns zu Hause. Welche anatomischen Strukturen beim Einspeichern und beim Erinnern mitwirken, verraten heute Computertomografen und Patienten, die eine Schädigung des Gehirns durch einen Unfall erleiden mussten. In der Neurologie gibt es faszinierende Fälle, die deutlich machen, wie uneinheitlich das Langzeitgedächtnis funktioniert.

Der Neurologe Hans J. Markowitsch berichtet von seinem Patienten E. D., einem 44-jährigen Industriemanager, der durch einen Reitunfall Hirnverletzungen im Bereich der Schläfenlappen erlitt, die zu einem kompletten Verlust der Erinnerung an seine persönliche Vergangenheit führten. Sein Schulwissen und auch verschiedene Bewegungsabläufe wie Autofahren waren ihm aber erhalten geblieben. Er konnte sich nicht mehr an Verwandte erinnern, hatte keine Ahnung mehr von seinen beruflichen Tätigkeiten und auch nicht mehr von seinen materiellen Besitztümern. E. D. wusste aber noch, dass der Kilimandscharo in Tansania liegt – nicht mehr allerdings, dass er ihn selbst erklommen hatte. Er konnte sich nicht entsinnen, italienisch sprechen zu können, folgte aber zu seiner eigenen Überraschung italienischen Anweisungen. Neues Wissen und Ereignisse dagegen prägten sich E. D. wieder ein, wenngleich sein neues Gedächtnis aktuelle Erlebnisse auf eigenartig unbeteiligte Weise wiedergab. Solche und andere Patientengeschichten halfen, das Langzeitgedächtnis wissenschaftlich zu systematisieren.

Heute unterscheidet man das *episodische Gedächtnis* und das *Faktengedächtnis* (beides *deklarative* Gedächtnisarten, die sich meist eindeutig bewusst sprachlich wiedergeben lassen) sowie das *prozedurale Gedächtnis* und das *Priming-System* (beides sogenannte *implizite* Gedächtnisarten, bei denen wir nicht wissen, wie etwas genau funktioniert, wir es aber erlernt haben):

»Vier Gedächtnissysteme« des Gehirns

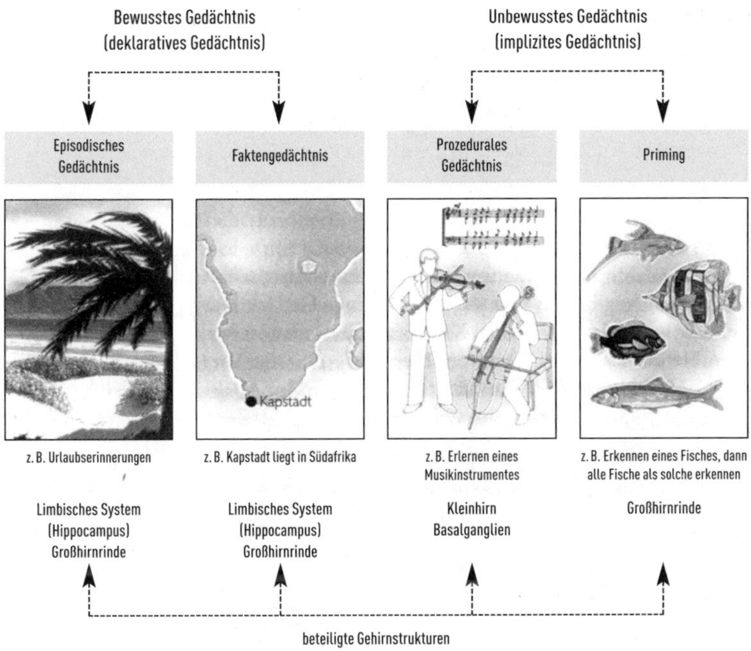

Das Gedächtnis gibt es nicht. Es werden mindestens vier Gedächtnissysteme unterschieden.

Wenn das Prinzip verstanden wird, lernt man leichter

Die erste Stufe von Sinnesverarbeitung nennen die Neurologen **Priming:**

Hier wird ein Reiz oder Sinneseindruck erinnert, dem man schon einmal ausgesetzt war. Priming bedeutet so viel wie »erleichtertes Lernen« oder »Bahnung«. Das kann vorbewusst und schnell passieren und zudem auch, wenn ein neuer Reiz dem ursprünglichen nur ähnelt. Wenn zum Beispiel ein Kleinkind prinzipiell einen Fisch erkannt hat, wird es alle weiteren ebenso als Fische erkennen, obwohl die ganz unterschiedlich aussehen. Diese erste Stufe des erleichternden Erinnerns von ähnlichen Situationen oder Reizen war für unsere Vorfahren überlebenswichtig, stellt man sich Begegnungen mit gefährlichen Tieren vor oder die Wahl von giftigen oder genießbaren Pflanzen. Zu dieser Gedächtnisart gehört auch, dass Säuglinge und Kinder durch Nachahmen lernen, und das besser, als wenn man ihnen mit vielen Worten einen Vorgang erklären würde. Durch ihr Vorbild geben Eltern Verhaltensmuster vor, die von den Kindern unbewusst kopiert werden – was für Erziehungsfragen weitreichende Folgen hat, denkt man allein an Manieren, Fernsehverhalten, Leseinteressen oder sportliche Bedürfnisse. Mit Primingmechanismen arbeitet auch die Werbung, indem sie auf Reize setzt, die nur unterschwellig wahrgenommen werden.

Wer einmal Fahrrad fahren gelernt hat, kann es automatisch

Das **prozedurale Gedächtnis** ist zuständig für erlernte Bewegungsabläufe. Diese mechanischen oder motorischen Fertigkeiten erlernen Kleinkinder, indem sie Fahrrad fahren lernen oder Erwachsene, indem sie sich Handlungsstrategien wie Auto fahren aneignen. Haben wir die Bewegungsabläufe einmal mit bewusster Kontrolle erlernt, können wir sie automatisch immer und brauchen kein Bewusstsein mehr für die Details. Dabei gilt aber auch: Je mehr wir üben, desto besser werden wir.

Schulwissen landet im Wissenssystem

Als drittes Gedächtnissystem dürfte die Evolution das **Wissenssystem** entwickelt haben, das auch oft als semantisches Gedächtnis bezeichnet wird. Dieses Faktengedächtnis ist für das Schulwissen zuständig, allgemeine Weltkenntnisse, grammatische Regeln und generelle Zusammenhänge. Man geht davon aus, dass das Faktengedächtnis eng verzahnt mit dem episodischen Gedächtnis arbeitet, wenn es sich aufbaut. Vokabeln oder geografische Bezeichnungen dürften auf ähnliche Weise eingespeichert werden wie autobiografische Erlebnisse. Erst durch oftmalige Wiederholung verlieren sie den persönlichen Bezug und können für sich stehen. Wer zum Beispiel durch seine erste Italienreise gelernt hat, dass Rom die Hauptstadt von Italien ist, kann auch später dieses erlernte Faktenwissen erinnern, ohne dass zwangsläufig die erste Italienreise mit ins Bewusstsein gerufen wird. Die Einspeicherung der Fakten funktioniert aber erst einmal am besten, wenn sie einen persönlich betreffen.

Der Lebenslauf wird immer mit Gefühlen gespeichert

Das **episodische Gedächtnis** speichert autobiografische Erinnerungen, deshalb wird es auch oft autobiografisches Gedächtnis genannt. Hier werden subjektive Erlebnisse erinnert, die mit dem Ort, der Zeit und bestimmten Fakten einhergehen – immer verknüpft mit den dazugehörigen positiven oder negativen persönlichkeitsbildenden Gefühlen. Bewusste Erinnerungen brauchen aber auch Sprache. Das episodische Gedächtnis entwickelt sich bei Kindern nicht vor ihrem dritten oder vierten Lebensjahr (weshalb man die Jahre davor als »infantile Amnesie« bezeichnet, da sie von den meisten Menschen nicht erinnert werden können). In diesem Zeitraum verfügt das Gehirn über die höchste Synapsendichte. Nach dem Prinzip »use it or lose it« (benutze sie oder du wirst sie verlieren) bleiben Nervenverbindungen bestehen oder sie werden wieder abgebaut. Neurologen nehmen an, dass Kinder erst dann beginnen, ein bewusstes, episodisches Gedächtnis aufzubauen, nachdem sie einen größeren und sicheren Wortschatz erworben haben. Das würde bedeuten, dass das episodische Gedächtnis vom Faktengedächtnis und auch der Intelligenz abhängig ist und sich darauf stützt. Das episodische Gedächtnis verlangt den höchsten Grad von Bewusstsein. Es ist erst nach vielen Verschaltungen im Alter von 20 Jahren ausgereift.

Als Paradebeispiel für das komplexe Zusammenspiel dieser vier Gedächtnissysteme gilt das Sprechen. Wenn Mark vor der Klasse steht und sein Referat über Argentinien hält, dann greifen alle Ebenen seines Gedächtnisses ineinander. Bei der Bewegungskoordination seiner Gesichtsmuskulatur, der Zunge, der Atmung und der Stimme ist das prozedurale Gedächtnis aktiv. Für die Beherrschung der Sprache selbst, inklusive ihrer vielschichtigen Grammatik, benötigt er das Wissenssystem. Das braucht er zudem, um seine Kenntnisse über die argentinischen Provinzen hervorzuholen. Das Primingsystem ermöglicht ihm, sich ein Bild vom Dschungel zu machen, von dem er »im Prinzip« im Botanischen Garten eine Ahnung bekommen hat. Bei diesem Besuch war auch sein episodisches Gedächtnis beteiligt. Mark kann sich an den Spaß erinnern, den er dort vor einem halben Jahr zusammen mit seinem Freund hatte. Durch die emotionale Bewertung, den Spaß und das Interesse prägte sich ihm besonders nachhaltig und genau das Erlebnis ein: der gewaltige Blätterwald, das feuchte Klima, das grelle Zwitschern der Vögel und seine Erleichterung, dass es hier keine Schlangen gab. Wenn er sich in Zukunft häufiger mit dem Thema Dschungel beschäftigt, sind Marks Dschungelkenntnisse auch ohne seinen persönlichen Bezug erinnerbar. Die Fakten stehen dann für sich und können im Wissenssystem abgelegt werden.

Die lange Reise von Matheformeln zum Langzeitgedächtnis

Das Ziel, schnell klug zu werden, dürfte eine ähnlich hohe Erfolgsquote haben, wie über Nacht reich oder im Handumdrehen schlank zu werden. Zu allem bedarf es Motivation, Geduld und Einsatz. Erfolgreich zu lernen – das heißt, einen Inhalt zu verstehen, ihn langfristig zu behalten und auch anzuwenden – ist ein langwieriger Prozess. Der Vorteil für Schüler ist, dass dieser Prozess während ihrer Gehirnreifung deutlich schneller verläuft als bei ihren Eltern.

Was aber passiert mit einer Information, bevor sie im Langzeitgedächtnis landet? Wie werden frische Gedächtnisspuren zu dauerhaften Inhalten?

Will Anna eine neue Mathematikformel lernen, so erreicht die Formel erst einmal ihr Kurzzeitgedächtnis, bevor sie in den Speichern ihres Langzeitgedächtnisses archiviert wird. Die erste Anlaufstation für neue Fakten und Inhalte ist der *Hippocampus*. Er ist die Eingangspforte unseres Faktengedächtnisses. Ohne ihn können wir keine Erinnerungen formen und die chronologische Abfolge von Erlebnissen nicht abrufen. Wie ein Detektor checkt er ab, was neu für unser Gedächtnis ist. Trifft ein Inhalt ein, der lohnt erinnert zu werden, werden Synapsen im Hippocampus verstärkt. Wer lernt, wird wahrscheinlich sogar mit einem Mehr an Synapsen belohnt und womöglich führt Lernen sogar zu einer Neubildung von Nervenzellen (Neurogenese im Hippocampus). Annas Matheformel also erhält eine Repräsentation in dieser Zwischenstation. Die Aufgabe des Hippocampus ist es, neu Erlerntes in die verschiedenen Systeme des Langzeitgedächtnisses abzuschieben. Das wäre Anna auch das Liebste, allerdings macht ihr der Hippocampus einen Strich durch die Rechnung. Zwar organisiert er, welche bewusst erfahrenen Ereignisse oder Lerninhalte in welcher Weise wo abgelegt werden. Er arbeitet aber völlig unbewusst. Wir können nicht entscheiden: »Das will ich jetzt behalten!« Jeder Schüler hat damit schon seine Erfahrungen gemacht. Obwohl mit der Matheformel am Vortag schon einmal im Unterricht gerechnet wurde, hat Anna Schwierigkeiten, sie exakt zu benennen. Anna selbst hat jetzt keinen willentlichen Einfluss auf das Erinnern von diesem Gedächtnisinhalt »Matheformel«.

Was passiert weiter mit der Formel? Die Ziffern über dem Bruchstrich sind ihr klar, beim Nenner hapert's. Anna wird sich die Formel noch einmal vergegenwärtigen und mit Beispielen verständlich machen müssen, am besten innerhalb von 24 Stunden. Das langsame Umschichten neuer Fakten von dem Zwischenspeicher Hippocampus ins Langzeitgedächtnis kann Wochen bis zu einem Jahr dauern und ist auch nur dann erfolgreich, wenn Anna die neue Formel aktiv hält, sprich, sie immer wieder in verschiedenen Aufgabestellungen anwendet.

Lernen im Schlaf

Wann aber passiert dieser Transfer in den großen Speicher der Großhirnrinde? »Der Prozess dieser sogenannten *Gedächtniskonsolidierung* findet vor allem im Schlaf statt«, erklärt der Schlafforscher Jan Born von der Universität Lübeck, vermutlich deshalb, »weil die Übertragung nur dann ungestört ablaufen kann, wenn das Gehirn offline ist, also nicht gleichzeitig den aktuellen Input von Sinnessystemen verarbeiten muss«. Wir lernen also im Schlaf! Allein das Schulbuch unter das Kopfkissen zu legen, wird sicher nichts bringen, es aber vor dem Einschlafen studiert zu haben, könnte sich für den Test am nächsten Tag als hilfreich erweisen. Zumindest bis dahin wird vieles hängenbleiben.

Was aber passiert während des Schlafes mit Annas neuer Matheformel? In der Nacht wechseln sich die Traum- und Tiefschlafphasen ungefähr fünf bis sechs Mal ab, und die neuen Lerninhalte durchlaufen während dieser Phasen noch einmal aktiv Zustände, die für den Lernprozess wichtig sind. Während der Traumphase wird die neue Erfahrung vom Tag erneut abgespielt, als hätten wir eine Replaytaste gedrückt, allerdings in verarbeitender Weise: Annas Matheformel wird jetzt analysiert, komprimiert, assoziiert und umkodiert. Während der Tiefschlafphase werden die neuen Rechenkenntnisse in die Großhirnrinde umgeschichtet, sozusagen nach und nach »heruntergeladen«.

Während dieses Wechselspiels passiert etwas sehr Spannendes im Gehirn, was erklären könnte, warum wir nur dann erfolgreich lernen, wenn Neueingänge an bestehendes Wissen des Langzeitgedächtnisses Anschluss finden. In Tierversuchen hat man herausgefunden, dass nur diejenigen Hippocampuszellen während des Schlafs aktiv sind, die sich gerade etwas gemerkt haben. Genau die wiederum sind gemeinsam aktiv mit speziellen Nervenzellen in der Großhirnrinde, was bedeutet, dass beide Zellpopulationen Verbindung aufnehmen. Ist das der Fall, wird Neuerlerntes vom Zwischenspeicher Hippocampus in den riesengroßen Speicher umgeladen – und ist damit dauerhaft gelernt. Informationen, die der Hippocampus nicht zuordnen kann, werden vergessen. Das musste Anna erfahren, als sie zu Beginn die Formel nicht vollständig verstanden hatte. Mit den bezuglosen und unverstandenen Formelelementen wollte Annas Gedächtnis sich nicht belasten. Der Hippocampus entsorgt sozusagen den Restmüll, um Platz für die Informationen des folgenden Tages zu machen. Schließlich landen viele Eindrücke in dieser kleinen Zwischenstation. Am nächsten Tag will wieder das Wissen von sechs Schulstunden gespeichert werden, der Klavierunterricht am Nachmittag wartet und die Choreografie eines neuen Tanzes muss sich einprägen.

Schüler brauchen also einen gesunden Schlaf. Er ist ebenso essenziell für Lernprozesse wie die intensive Beschäftigung mit dem Lernstoff selbst. Schlafen macht somit schlau! Und Schlafmangel schwächt den Lernerfolg! Der Schlaf verhilft nicht nur Fakten, Vokabeln und Geschichten in das Faktengedächtnis, was er gleich nach dem Einschlafen erledigt, sondern bedient auch andere Gedächtnissysteme. In den Traumphasen speichert er vor allem prozedurale Fähigkeiten ab, das heißt Techniken wie Fahrrad fahren, Tennis spielen oder Malen. Diese Traumphasen, in denen das Gehirn sogar aktiver ist als im Wachzustand und viele neuronale Schaltkreise erregt sind, finden vor allem morgens statt. Kinder, die ein Musikinstrument oder eine Sportart lernen, sollten deshalb möglichst ausschlafen.

Schlafen macht uns aber nicht nur ein wenig klüger und geschmeidiger, es macht uns auch ein klein wenig weiser und kreativer. »Mal eine Nacht drüber schlafen«, ist ein erfolgversprechender Tipp für knifflige Aufgaben. Der Schlaf als kognitiver Leistungsförderer »verändert Erinnerungen offenbar in einer Art, die das Entdecken neuer sinnvoller Zusammenhänge fördert«, verspricht der Hirnforscher Born.

Fazit: Das menschliche Gehirn reagiert von Beginn an auf die Welt, in die es hineinwächst, und entwickelt individuelle Strukturen. Dies passiert in prägendem Ausmaß bis zum 20. Lebensjahr. Ist es einmal verschaltet, sind die Möglichkeiten sich selbst zu gestalten begrenzt. Deshalb ist die Hirnentwicklung im Kindesalter so herausragend wichtig für das Lernverhalten. Grundsätzlich bleibt die Neuroplastizität des Gehirns allerdings bis zum Lebensende bestehen, und zwar indem wir lernen. Sich Fähigkeiten anzueignen funktioniert im Kindesalter vergleichsweise schnell, im Erwachsenenalter mit deutlich größerem Aufwand.

Unser Gedächtnis besteht aus verschiedenen Gedächtnissystemen und nicht aus einem einzigen, kompakten Speicher. »Das« Gedächtnis gibt es also nicht. Es ordnet Erfahrungen nach Zeit und Inhalten, und die Einspeicherung erfolgt nicht an denselben Strukturen wie die Erinnerung.

Die menschliche Intelligenz ist zu 50 Prozent angeboren. Die zentrale Frage beim Lernen muss heißen: Wie wirken Anlage und Umwelt zusammen, um Begabungen auszuformen? Wichtig ist es, Begabungen zu erkennen, zu pflegen und zu fördern. Und das gilt für durchschnittlich Begabte, Hochbegabte und weniger Begabte. Dabei ist Begabung nicht dasselbe wie Leistung. Die Begabung ist lediglich das Potenzial für eine Leistung. Ob ein Schulkind sein Potenzial in Leistung umsetzen kann, dazu gehört ein ganzer Rucksack voller Voraussetzungen: Motivation, Frustrationstoleranz, Leistungswille, Konzentrationsfähigkeit, Unterstützung im Elternhaus, Interessen und nicht zuletzt eine gute Schulpädagogik. Gelerntes dauerhaft zu behalten ist keine schnelle Angelegenheit. Bis man etwas gelernt hat, können Monate vergehen. Wichtig ist, dass Neues innerhalb von 24 Stunden wiederholt wird, weil es sonst wieder vergessen werden kann. Die Gedächtniskonsolidierung findet im Schlaf statt. Nur wer ausreichend Schlaf findet, kann neu Erlerntes verarbeiten und im Langzeitgedächtnis speichern.

Wer stur paukt, behält nicht viel

Mit Kleinigkeiten gibt sich auch das Gedächtnis nicht gern ab. Es will keine Einzelheiten, sondern Zusammenhänge, Regeln und Strukturen. Selbst wenn Jan, der nicht gerne Fakten lernt, jeden Abend Quizshows anschaute, er würde dadurch nicht klüger. Faktenwissen ohne fächerübergreifende Zusammenhänge zu vermitteln, halten Kritiker des deutschen Schulwesens für das größte Übel. Die Fixierung auf lexikalisches Wissen mache aus Schülern »einsame Neurotiker und konsumgierige Massenmenschen«, so lautet der Protest des berühmten deutschen Reformpädagogen Hartmut von Hentig.

Der Mensch denkt in Strukturen (Kontexten) und folgt Regeln, um handlungsfähig zu sein. Die Evolution fordert das Gehirn auf, sich so zu entwickeln, dass wir uns in unserer komplexen Umwelt zurechtfinden. Neurowissenschaftler können heute erklären, wie Gedächtnisspuren strukturell angelegt werden. »Wir sind regelrechte Regelextraktionsmaschinen«, formuliert der Hirnforscher Manfred Spitzer diesen grundsätzlichen Lernmechanismus. Er hat dafür ein einprägsames Bild, durch das er diesen Gedächtnisprozess am liebsten verdeutlicht: Er vergleicht neue Gedächtnisspuren mit Spuren im Schnee und fordert auf, sich einen frisch verschneiten Park vorzustellen, in dem sich an einer Stelle eine Glühweinbude befindet und in einiger Entfernung ein WC-Häuschen. Am Anfang hinterlassen Besucher einzelne Spuren im Schnee, die noch keine Struktur erkennen lassen. Mit der Zeit lässt sich durch häufige Wegbenutzung schon eine kräftigere Spur erkennen und wiederum etwas später erkennt man auch eine eindeutige Verbindung zwischen der

Glühweinbude und dem WC-Häuschen. Die immer wieder gleich benutzten Wege zeigen dem Parkbesucher, wo es langgeht.

Ähnlich verhält es sich mit der Vernetzung des menschlichen Gehirns. Es legt nach und nach durch Erfahrungen Gedächtnisspuren an, die zu einer gebrauchsabhängigen Karte von vielgegangenen Spuren führt. Die ersten frühen Spuren zeichnen vor, wie es weitergeht und häufig benutzte Spuren sorgen für ihre eigene Verfestigung. Wann immer ein Mensch sich etwas einprägt, verändert sich die Hirnstruktur. Die Gedächtnisspuren, die Verbindungen zwischen Neuronen, werden verstärkt oder ganz neu geknüpft. Auf diese Weise entsteht ein Geflecht, in dem alles, an das wir uns erinnern können und geistig leisten, gespeichert ist.

- Mit vier Jahren hat ein Mensch die höchste Synapsendichte erreicht und entwickelt ein bewusstes Gedächtnis. Gleichzeitig ist jetzt die Verbindung zwischen beiden Hirnhälften (die linke wird eher dem Verstand, die rechte der Gefühlsverarbeitung zugeordnet) voll funktionsfähig. Das Kind kann sich zunehmend länger konzentrieren, und das Arbeitsgedächtnis reift heran. Synapsen, die nicht gebraucht werden, bauen sich nach und nach ab, damit das Hirn immer effizienter arbeiten kann.
- Mit sechs Jahren kann das Kind zwischen Schein und Wirklichkeit unterscheiden und auch lügen. Die Merkfähigkeit wächst nun langsamer.
- Ein siebenjähriges Kind verfügt über eine hohe Kreativität und entwickelt allmählich ein Metagedächtnis. Es ist sich bewusst, dass es Erlerntes auch wieder vergessen kann.
- Mit acht Jahren ermöglicht die Entwicklung komplexer Denkfähigkeiten, dass man Dinge im Geiste wenden und Handlungen umkehren kann.
- Mit neun Jahren entwickelt sich die Metakognition weiter: Das Nachdenken über die eigenen Gedanken ist möglich.
- Während der Schulzeit bis zum Erwachsenenalter werden die

verbindenden Nervenfasern (Axone) vollständig myelinisiert (mit einer Umhüllung isoliert). Diese Myelinschicht um das immer dichter werdende Netzwerk bewirkt nicht nur, dass das Gehirn an Größe zunimmt, sondern vor allem, dass das Hirn schneller und leistungsfähiger wird. Somit lernt und entwickelt sich das Hirn gleichzeitig.

- Das Gehirn hat sich bis zum zehnten Lebensjahr bereits eine prägende Struktur zugelegt, die bestimmend für das weitere Lernen und die Feinvernetzung ist. Ab etwa dem elften Lebensjahr lernt ein Kind sich noch besser zu konzentrieren, Strukturen zu erstellen und Lernstrategien zu entwickeln.
- Bis zum 15. Lebensjahr entwickelt sich das formale Denken: abstraktes Denken, Hypothesen bilden und eigene Konzepte entwickeln und erläutern. Während der Pubertät kristallisieren sich persönliche Vorlieben stark heraus.
- Zwischen dem 16. Lebensjahr und dem Erwachsenenalter reifen weiterhin die geistige Flexibilität, das abstrakte Denkvermögen, das vorausschauende Handeln und abwägende Planen.
- Die Plastizität (siehe S. 15 ff.), das heißt die Lernfähigkeit des Gehirns, nimmt bereits während der Schulzeit ab. Während Sechsjährige noch über relativ viele Synapsen verfügen und in vergleichsweise großen Schritten lernen, wird der Synapsenabbau zwischen dem 14. und 20. Lebensjahr verstärkt vorangetrieben. Gegen Ende der Pubertät hat der Mensch zwar ein gut eingefahrenes, aber nicht mehr so bewegliches Netzwerk zur Verfügung. Menschen lernen zwar nie aus, die Grundlagen des Wissens, das heißt der grundsätzliche Schaltplan der Neuronen, werden aber in der Kindheit angelegt. Je vielfältiger und breitgefächerter Hirnstrukturen jetzt ausgeprägt werden, desto aufnahmefähiger und beweglicher ist das Denkvermögen im Erwachsenenalter.

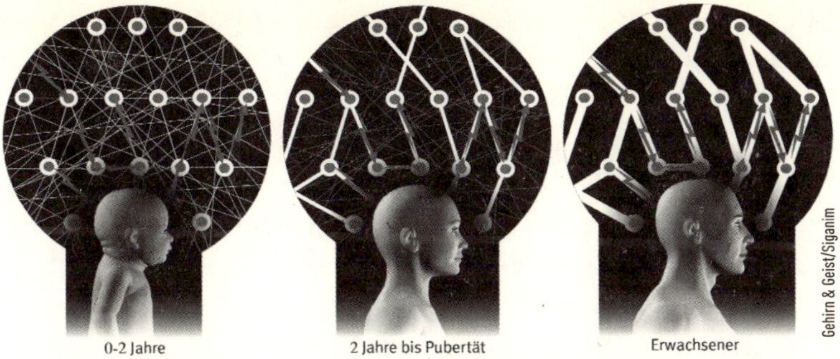

Synapsen: In den ersten beiden Lebensjahren bilden sich mehr Verbindungen zwischen den Nervenzellen aus als später benötigt werden. Nach dem vierten Lebensjahr wird aussortiert: Es bleibt nur das erhalten und wird verstärkt, was benutzt wird. Mit Ende der Pubertät ist dieser Prozess abgeschlossen. Das Nervennetz eines Erwachsenen ist gut eingefahren, aber weniger anpassungsfähig.

Das Gehirn fördert sozusagen sein eigenes Wachstum und ist in jedem Lebensalter umso leistungsfähiger, je mehr es gebraucht wird. In einem ausgereiften Gehirn schließlich ist jede der 100 Milliarden Nervenzellen wiederum mit 1000 bis 10 000 anderen Zellen verknüpft. Über 15 Trillionen synaptischer Verbindungen schließen sich zu Netzwerken von mehr als 100 000 Kilometern zusammen, auf denen Informationen mit 150-facher ISDN-Geschwindigkeit sausen.

Dieser Reichtum will gepflegt werden. Wir wissen, dass Begabungen nur ein Potenzial zur Leistung darstellen und nicht schon die Leistung selbst sind. Dementsprechend bleiben Gehirnstrukturen, die einmal entstanden sind, ohne Fürsorge nicht für immer bestehen. Erwachsene können eine Sprache weitgehend verlernen, die sie zwar während der Schulzeit, aber nicht mehr danach aktiv ausgeübt haben. Und viele können kaum glauben, zu welch mathematischen Leistungen sie in der gymnasialen Oberstufe fähig waren, wenn sie Jahre später ihre alten Schulhefte abstauben.

Graue Zellen, die rasten, rosten. »Vergesslichkeit und Faulheit sind Geschwisterkinder«, sagt der Volksmund. Gerade das sich entwickelnde Gehirn von Kindern will so gepflegt werden wie ein Garten. Sprießen die Neuronen und wachsen die Synapsen, so wollen sie genährt und gepflegt werden, sonst werden sie schlapp und verkümmern. Sogenannte Sommerlochstudien sind für die Kognitionspsychologen Aljoscha Neubauer von der Universität Graz und Elsbeth Stern von der ETH Zürich ein weiterer Beweis dafür, dass Intelligenz auch eine Frage der Herausforderung ist. In den Ferien – dem lernfreien Sommerloch – sind Schüler in der Regel nicht gefordert, anspruchsvolle Denkaufgaben zu lösen. Bei Intelligenz- und Leistungstests schnitten Schüler nach den großen Ferien deutlich schlechter ab als davor.

Das Pauken von Fakten, also das pure Auswendiglernen, wird von allen Fachleuten als die problematischste Lernmethode überhaupt beurteilt. Zwar werden auch hier Gedächtnisnetzwerke durch das pure Wiederholen ausgebildet, obwohl weder ein Vorwissen noch ein Interesse vorliegen muss. Wenn Mark also die argentinischen Provinznamen stur auswendig lernt mit den dazugehörigen wirtschaftlichen Besonderheiten, dann ist das für ihn kein inhaltlich bedeutsames Lernen. Er lernt sie nur auswendig, weil sie am nächsten Tag in einem Test abgefragt werden. Danach werden sich die argentinischen Provinzen wieder aus seinem Gedächtnis verabschieden. Er hat durch das pure, motorische Auswendiglernen keine Zusammenhänge erkennen, keine Denkstrukturen aufbauen und keine Verbindungen mit vorhandenem Wissen herstellen können.

So kann ein Grundschüler mit Pauken und Auswendiglernen gute Noten nach Hause bringen, muss deshalb aber nicht automatisch die Inhalte begriffen haben, und kann dann nicht mit ihnen weiterarbeiten. Oft zeigen sich die Defizite erst in weiterführenden Schulen, wenn Lehrer stärker kognitive Fähigkeiten verlangen. »Am wichtigsten ist also das Gegenteil von Pauken, nämlich das selbstständige Durchdringen des Stoffes«, erklärt der Neurobiologe Gerhard Roth, denn sonst können bei der Konsolidierung der Gedächtnisinhalte weder Verbindungen zu anderen Wissensschubladen hergestellt noch neue angelegt werden: »Klug wird man nur durch hochgradige Vernetzung des Wissens.« Das funktioniert recht einprägsam durch Beispiele, die das Allgemeine erklären sollen. Experimente in den Naturwissenschaften, Exkursionen im Biologieunterricht oder Museumsbesuche für Geschichte machen Zusammenhänge sinnlich erfahrbar und werfen Fragen auf. Beim puren Auswendiglernen kommt fatalerweise noch hinzu, dass Inhalte, die nicht richtig oder sogar falsch verstanden werden, durch das ständige Wiederholen beim Auswendiglernen nur noch tiefer als Denkfehler eingespeichert werden.

Nur durch die Auseinandersetzung mit anspruchsvollen Inhalten, davon ist auch Elsbeth Stern überzeugt, lassen sich weiterführende Gedächtnisnetze anlegen. Schüler aller Altersstufen kann man am besten fesseln, urteilt Stern, indem man sie mit Anforderungen konfrontiert, die sie noch nicht auf Anhieb bewältigen können, für deren Lösung aber ein Vorwissen besteht. Die Schüler dürfen dabei Fehler machen oder sich konstruktiven Rat beim Lehrer holen. »Auf diese Weise erhalten Schüler Gelegenheit, ihr bestehendes Wissen zu erweitern, zu revidieren und an die speziellen Anforderungen anzupassen.«

Fazit: Einzelne Fakten zu pauken ist für Schüler so langweilig wie unsinnig. Gefragt sind Lehrangebote, bei denen Denk- und Lernstrategien erworben werden, welche sich wiederum verselbstständigen und zu einem eigenständigen Wissensgebiet werden (Metakognition). Wer einmal Strukturen erworben hat, muss nur noch Bezüge herstellen. Auf einer Strukturbasis können Kinder neue Inhalte effizienter erlernen. Das erklärt auch, warum ein Erwachsener mit leistungsfähigen Hirnstrukturen sich relativ schnell in neue Materien einarbeiten kann, obwohl die Lernfähigkeit seines Gehirns mit zunehmendem Alter abnimmt. Um auch hier beim Beispiel zu bleiben: Sind einmal Gartenbeete angelegt, dann können darauf auch unbekannte Blumen gepflanzt werden. Ob sie blühen, gesund gedeihen, wachsen oder Früchte tragen, hängt von der regelmäßigen Pflege ab!

Belohnungen bringen das Gedächtnis auf Trab

Materielle Belohnungen für eine gut gelungene Schularbeit sind heute in den meisten Familien eine gängige Währung. »Wenn du eine Zwei schreibst, kriegst du eine CD«, so locken Eltern den Ehrgeiz ihrer Kinder. Und wenn die Zwei dann geschafft ist? In den meisten Fällen dürfte bei einem erfolgreichen Schüler die Freude über die Leistung deutlich vor der »CD-Beute« rangieren! Insofern ist es wirklich überlegenswert, ob materielle Belohnungen so effizient sind, wie viele Eltern glauben. Der Wert der inneren Belohnung, nämlich Stolz und Freude, ist sicher höher einzustufen.

Die Natur stellt uns eigens zum Lernen ein körpereigenes wirkungsvolles Belohnungssystem zur Verfügung. Rätsel zu lösen, Memorykartenpaare zu finden, etwas Kompliziertes endlich verstanden zu haben und flink im Kopf zu sein, all dies macht einfach Freude. »Das Gehirn macht sich selbst Spaß!«, erklärt Manfred Spitzer, und zwar durch opiumähnliche Stoffe. Lernerfolge führen zu einem Glücksgefühl, das durch körpereigene »Glücksdrogen« vermittelt wird. Dabei schüttet ein kleiner Nervenknoten im unteren Bereich des Mittelhirns den Botenstoff Dopamin aus. Dieser Nervenknoten heißt Nucleus accumbens und wird auch als das Belohnungszentrum bezeichnet. Dopamin ist aber nicht der Glücksbote selbst, sondern er treibt uns an, Dinge zu tun, die uns Glück verschaffen und steigert die Wahrnehmung. Er hält uns sozusagen in freudiger Erwartung und die Lernmotivation aufrecht. Haben wir dann das Ziel erreicht, und unser Verstand sagt uns, dass sich die Arbeit gelohnt hat, dann regt Dopamin die Ausschüttung von endorphinen Botenstoffen (»Glücksdrogen«) an. Das Belohnungszentrum ist hierbei mit unserem Arbeitsgedächtnis im Frontallappen (direkt hinter der »Denkerstirn«) schleifenartig verknüpft. Das Gehirn belohnt sich also selbst, wenn es eine Aufgabe gelöst hat. Es ist süchtig nach körpereigenen Opiaten, deren Ausschüttung zu einem erheblichen Teil von Dopamin reguliert wird.

Neurowissenschaftler machen den Kick aus der »Dopamindusche« dafür verantwortlich, dass Menschen permanent den Drang haben, etwas Neues erfahren und verstehen zu wollen. Ohne die »Neu-Gier« würde sich die Menschheit nicht weiterentwickeln können.

Dieses körpereigene Belohnungssystem ist aber keine unveränderbare Größe, die wir automatisch besitzen, wenn wir auf die Welt kommen. Es entwickelt sich in den ersten Lebensjahren und wirkt als Lernmotivation für das ganze Leben. Deshalb ist es für die Persönlichkeitsentwicklung so wichtig, Kindern Anerkennung zu schenken, zu loben und ihnen Selbstbewusstsein zu vermitteln. »Wenn Kinder ständig nur auf ihre Schwächen hingewiesen werden«, warnt Anna Katharina Braun, Grundlagenforscherin für Entwicklungsbiologie an der Universität Magdeburg, dann »kann die Ausbildung des Belohnungssystems im Gehirn gestört werden. Die Kinder könnten sich langfristig zu Lernversagern entwickeln.«

Mit Lob überschüttet zu werden, ist allerdings kein vorbeugendes Rezept gegen Lernversagen. Im Gegenteil: Kinder haben ein empfindliches Sensorium dafür, ob ein Lob zu Recht oder einfach nur gespielt ausgesprochen wird. Die Erfolgszuversicht für weitere Anstrengungen wird durch Lobhudelei geschwächt und damit auch der Antrieb selbst.

Wie folgenschwer ein Dopaminmangel für das Lernen und das Gedächtnis ist, zeigen Patienten, deren Gehirn geschädigt ist, wie zum Beispiel Schlaganfall- oder Parkinsonpatienten. Die Entwicklung von »Gedächtnispillen« für alte Menschen, die unter Gedächtnisverlust leiden, oder auch für Kinder mit kognitiven Problemen ist längst im Gang. Gesunden Kindern in Zukunft vielleicht Gedächtnispillen verabreichen zu können, um ihr Erinnerungsvermögen zu verbessern, hält der amerikanische Gedächtnisforscher Eric Kandel für sinnlos und gefährlich. Der Nobelpreisträger, der selbst an einer Pille gegen das Vergessen forscht, kennt »bessere und sicherere Möglichkeiten: nämlich intellektuelle Aktivität, das Lernen einer Fremdsprache, ein Leben mit vielen Sozialkontakten, aber auch körperliche Fitness«.

Ständige Enttäuschungen senken die Lust auf Neues

Wenn ein Schüler eine Aufgabe nicht lösen kann oder einen Fehler macht, findet ein kleiner Dopaminabfall statt. Sein Gehirn erfährt sozusagen eine Enttäuschung. Es hatte sich zu einer Handlung entschlossen und zugleich eine positive Erwartungshaltung entwickelt. Da die Erwartung nicht erfüllt wird, also etwas Unerwartetes passiert, bleibt auch die Belohnung aus. Für den Organismus wirkt das wie eine Bestrafung. Wenn Alexandra zum Beispiel zwei Stunden lang über einer Lateinübersetzung brütet, jedes Wort im Wörterbuch nachschlägt, im Internet nach einer Lösung sucht, sich das Hirn zermartert, und am Ende einen sechszeiligen Satz aus dem ›De Bello Gallico‹ schafft, erwartet sie, dass sich ihre Arbeit gelohnt hat. Tatsächlich aber beurteilt der Lateinlehrer am kommenden Tag aufgrund vieler Übersetzungs- und Grammatikfehler ihre Anstrengung mit einer Vier. Alexandras Hirnchemie, die sich auf einen Dopaminkick eingerichtet hat, erfährt eine Talfahrt. Sie fühlt sich durch den Dopaminabfall bestraft.

Passieren derartige Enttäuschungen bei einem Schüler häufiger, dann wird seine Motivationsfähigkeit für das betreffende Fach sehr gering sein. Für den Fall braucht er dringend Unterstützung, ansonsten verliert er die Chance auf eine Leistungsverbesserung.

Wann genau passieren die Glücksgefühle beim Lernen? Sie geschehen dann, wenn etwas besser funktioniert als erwartet. Am besten lernt man, wenn man ein wenig Stress hat und durch Erfolg zum Ziel kommt. »Aha! So geht das!« Wenn wir gerade eine Aufgabe lösen müssen, und unsere aktuellen Gedanken im Arbeitsgedächtnis wie auf einer Werkbank hin- und hergeschoben werden, dann machen uns die Gedanken unter Dopamineinfluss mehr Spaß. Das Denken fällt leichter.

Später ist Dopamin ein gutes »Schmiermittel«, um die Informationen vom Kurzzeit- ins Langzeitgedächtnis zu transportieren und dort zu speichern. Würden Alexandras Lateinübersetzungen also mit einer Eins benotet, dann erführe sie die Dopamindusche wie einen Glücksschauer und Vokabeln wie Grammatik würden sich tiefer in ihr Gedächtnis graben. Erfolg motiviert und lässt das Gelernte besser behalten.

Fazit: Genauso wenig, wie man Wissen wie ein Geschenkpaket weitergeben kann, genauso wenig macht es Sinn, Schülern das Lernen abzunehmen, indem man ihnen die Lösung vorsagt. Das hirneigene Belohnungssystem ist ein raffiniertes Hilfswerk der Evolution – und wirkungsvoller als jedes Überraschungsei. Das Lob der Erwachsenen oder die Anerkennung der Freunde machen die Belohnung für eine kognitive Leistung zusätzlich zu einem Ereignis, von dem man nicht genug bekommen kann. »Im Lobe ist mehr Zudringlichkeit als im Tadel«, musste sogar der gestrenge deutsche Philosoph Nietzsche eingestehen. Herausforderungen, Anreize und Lob lassen leistungsfähige Netzwerke im Kopf entstehen, die Lernen mit Lebensfreude verknüpft.

Wie Vorbilder das Verstehen und Erinnern erleichtern

Stellen Sie sich vor, Sie sehen Ihr Kind stürzen und sich die Knie blutig schürfen. Sie leiden mit. Ihr Gehirn spiegelt die Beobachtung, Sie zeigen Einfühlungsvermögen. Stellen Sie sich nun vor, ein Mann hebt die Hand und ballt die Faust. Sie erwarten, dass er zuschlagen will. Obwohl die Handlung hier nur angedeutet ist, ergänzt Ihr Gehirn diese Handlung zu einer vollständigen Aktion. Sie werden zum Gedankenleser, der Kontext hilft bei der Interpretation. Die Ursache für dieses Phänomen liegt in den Hirnzellen, die in der Wissenschaft *Spiegelneurone* genannt werden. Diese Spiegelnervenzellen sind die neurobiologische Basis unserer emotionalen Intelligenz: für unser intuitives Wissen und unsere Empathiefähigkeit. Sie melden uns spontan, was Menschen mitteilen wollen und was sie fühlen, ohne dass die Betroffenen darüber mündlich Auskunft geben. Dieses komplexe Verstehen ohne Worte lässt uns sogar ahnen, ob jemand lügt.

Seit der Entdeckung der Spiegelneurone 1990 musste die Hirnforschung ihr Verständnis über die Arbeitsweise des Gehirns und somit über das Gedächtnis umschreiben. Auch das Lernen und die Unterrichtsmethoden in Schulen oder zu Hause erscheinen in einem neuen Licht. Didaktiker fordern pädagogische Konsequenzen für das Miteinander von Lehrern und Schülern. In unseren Zeiten, in denen Begriffe wie Computer, E-Learning, oder selbstgeleitetes Lernen die unter PISA-Druck geführte Bildungsdiskussion in virtuelle Sphären abgleiten lässt, zieht uns die Entdeckung der Spiegelneurone wieder auf einen traditionellen Boden. Entwicklungspädagogen warnen vor einem weiteren Rückzug der Erzieher, somit auch der Eltern. Damit Schüler nicht die Orientierung verlieren, brauchen sie mehr pädagogische Aufmerksamkeit. Schulstoff wird besser und eindringlicher verstanden, wenn er einem Kind persönlich vermittelt wird, da Gehirne vor allem immer soziale Gehirne sind.

Fazit: Schüler lernen am besten, wenn ein positives Vorbild den Lernstoff vermittelt. Ob Lehrer unterrichten oder Eltern nachhelfen – die persönliche Vermittlung hilft Schülern, spontan zu verstehen und sich komplizierte Inhalte besser vorstellen zu können. Die direkte Ansprache des Lehrers, das exemplarische Zeigen und Wiederholen sind für die pädagogische Arbeit elementar wichtig. Kommunikationsprozesse, die durch Spiegelneurone vermittelt werden, finden allerdings nicht durch Computer oder Roboter statt, so hilfreich eine Ergänzung durch E-Learning und computergestützte Lernprogramme auch ist.

Das Gedächtnis surft auf Gefühlswogen

»Eine gute Atmosphäre im Klassenzimmer ist die Voraussetzung für erfolgreiches Lernen!«, erklärt Manfred Spitzer, der das von ihm 2004 gegründete Transferzentrum für Neurowissenschaften und Lernen in Ulm leitet. »Wir wissen nicht nur, *dass* Lernen bei guter Laune am besten funktioniert, sondern sogar, warum Lernen *nur* bei guter Laune erfolgen sollte.« Stress dagegen ist ein identifizierter Gedächtniskiller. Eine schlechte Stimmung in der Klasse – zum Beispiel durch Angst vor dem Versagen, vor dem Lehrer oder vor Rügen, Druck oder Prüfungsangst – lassen den Lernstoff vom Kurzzeitgedächtnis erst gar nicht zum Langzeitgedächtnis durchdringen.

Dass man Arbeiten, die man unter Zwang verrichtet, nicht gern macht, ist dabei ein Aspekt. Anstatt sich am Inhalt der Arbeit aufrichten zu können, kommt es zu einer Koppelung von Arbeit und schlechten Gefühlen. Um diese loszuwerden, werden Ersatzbefriedigungen gesucht, deren Palette bei Schülern vom Fernsehkonsum über Naschen bis hin zu Computerspielen reicht. Bücher als Symbol für alles, was Schule angeht, werden von vielen jungen Leuten gemieden, auch dann, wenn sie unterhaltend sind. Wer sich aber nicht mit einem Lernstoff beschäftigt, vergrößert unweigerlich die Wissenslücken, was zu noch mehr Stress führt – ein Teufelskreis.

Martin Kiefer aus dem Team des Neurologen Spitzer konnte in seinen Studien nachweisen, dass es tatsächlich einen Stimmungseffekt auf das Gedächtnis gibt: Wer in guter Stimmung ist, merkt sich mehr. Wer in schlechter Stimmung ist, behält weniger im Gedächtnis. Die beiden entgegengesetzten Lernatmosphären führen deswegen zu unterschiedlichen Lernerfolgen, weil sie zwei verschiedene funktionale Systeme im Gehirn aktivieren. Grundsätzlich bewertet das Gehirn jeden Input von außen direkt, ohne dass unser Bewusstsein darauf Einfluss nehmen kann. Die Evolution hat das so bei uns eingerichtet, damit wir in gefährlichen Situationen blitzschnell und intuitiv reagieren können. Für brenzlige Situationen nämlich hat die Natur einen Lernturbo eingerichtet, damit wir uns schnell in Sicherheit bringen können, beispielsweise vor einem heranspringenden Tiger.

Beim *Einspeichern* eines Inhalts bewertet das Gehirn Sekunden nach der Wahrnehmung, ob es »bei der Sache« bleiben oder »die Flucht ergreifen« soll. Arbeitet ein Schüler positiv motiviert, dann fördern seine Aufmerksamkeit und Neugier seine Konzentration. Das Belohnungssystem (siehe S. 48 ff.) springt an und lässt die neuen Inhalte tiefer, breiter und intensiver verarbeiten. Der neue Inhalt verknüpft sich mit vielen anderen Bedeutungszusammenhängen, die das Langzeitgedächtnis in der Großhirnrinde abgespeichert hat. Und wenn der neue Inhalt besser vernetzt wird, dann kann der Schüler ihn auch später besser erinnern. Zu dem neuen Inhalt hat der gut gestimmte Schüler also viele verschiedene Zugänge, die er dann auch beim *Abruf* nutzen kann. Viele Zugänge ermöglichen ihm, dass er sie besser versteht und besser erinnert, stärker verschaltet, also besser lernt.

Angst verhindert kreatives Lernen

Arbeitet der Schüler dagegen mit Angst, sei es weil der Lehrer ihn unter Druck setzt, oder weil Eltern mit Strafen bei schlechten Noten drohen, dann wird er den Lernstoff auch schlecht einspeichern können. Sein Hirn hat innerlich auf Flucht geschaltet. Die Angst hat den Mandelkern (ein kleiner Zellhaufen, der spontane Emotionen ermöglicht, Amygdala genannt) aktiviert, der den Schüler jetzt daran hindert, den Inhalt konzentriert, tief und breit gefächert zu verarbeiten. Die Angst ist nämlich nicht dazu da, kreativ und neugierig überlegen zu lassen, sondern deutet nur, was gerade *nicht* sein darf. Der Schüler kann den neuen Inhalt jetzt zwar zur Kenntnis nehmen, wird ihn aber nicht mit vorhandenem Wissen verknüpfen können. Der einsame Neuzugang erfährt keine Verbindungen mit anderen Netzen, die später von vielen Seiten helfen könnten, das neu Gelernte wieder ins Bewusstsein zu schwingen. Der Schüler konnte den Inhalt schlecht abspeichern, also lernen. Manfred Spitzer fordert deshalb: »Negative Stimmung hat beim Lernen nichts zu suchen!« Auch wenn sich das nicht immer realisieren lässt, wie jeder weiß, der die Hausaufgaben der Kinder täglich betreut. Es ist eine wichtige Erinnerung daran, wie Lernen optimal funktioniert, und dass es lohnt, Aufmerksamkeit in die Lernatmosphäre zu investieren.

Das vielschichtige Emotionssystem (limbisches System) bewertet neue Inhalte also immer und speichert sie gleichzeitig mit einem Gefühl ab. Das Bewertungssystem behält alles, was durch uns und mit uns passiert und legt es in unserem weitgehend unbewussten emotionalen Erfahrungsgedächtnis nieder. Insofern ist das limbische System, das Affekte, Gefühle und Motivation vermittelt, für Gerhard Roth »einer der Hauptkontrolleure des Lernerfolgs«. Hat ein Schüler beispielsweise angsterfüllte Erfahrungen mit Mathematik gemacht, dann wird bei einer bewussten Beschäftigung mit dem Fach immer das Gefühl mitschwingen und gemeinsam erinnert – es sei denn, es wird emotional neu überschrieben. Um später nicht zu den vielen Erwachsenen gehören zu müssen, die beim Thema Mathematik die Panik bekommen, müsste ein Schüler in den Genuss von glückbringenden Erfolgen kommen, die die alte Koppelung auflösen. Besser wäre es natürlich, erst gar keine Angst aufkommen zu lassen.

Hat ein Schüler permanent Schulstress, wird er krank. Es sind eine Reihe von psychosomatischen Krankheiten bekannt, wie Kopfschmerzen, Übelkeit, Essstörungen, chronische Müdigkeit und vieles mehr. Hier sind dringend Strategien zur Stressbekämpfung notwendig (siehe S. 108 ff.). Dazu kommt, dass zu viele Stresshormone die Aufnahmefähigkeit des Gehirns blockieren. Bei andauerndem Druck schrumpfen die Nervenzellen im Hippocampus, genau der Hirnregion, die für die Organisation von Neuigkeiten zuständig ist. Wer sein Hirn nicht mit neuen, anregenden Dingen füttern kann, fühlt sich auf Dauer innerlich leer und minderwertig. Niemand lernt unter solchen Bedingungen gut, schon gar nicht Kinder.

Lerninhalte, das ist heute unbestritten, werden nicht nur mit einem gerade vorherrschenden Gefühl im Gedächtnis abgelegt. Das Gelernte wird auch über genau diese Gefühlstönung wieder abgerufen. Emotionen steuern unsere Erinnerung. Wir denken mit Gefühl! Schnell deutlich wird der Mechanismus, wenn es um starke Gefühle geht. Ist der Mensch verliebt und hört ein bestimmtes Lied, dann kann er den Text auch noch vierzig Jahre später mitsingen. Klaut einem ein Elefant mit seinem feuchten haarigen Rüssel im Zoo die Futtertüte aus der Hand, dann kann man die Aufregung auch nach Jahren mit vielen kleinen Details wiedergeben. Die Kraft der Gefühle beschreibt der bekannteste amerikanische Emotionsforscher Antonio Damasio als »eines der heißesten Themen der Neurowissenschaft«, das mit Esoterik nichts zu tun hat. Gefühle sind entscheidend für das Denken und Handeln.

Nun gibt es Schulstoff, den man mit Gefühlen erst mal nicht in Verbindung bringt. Mathematische Formeln beinhalten für Mathebegeisterte vielleicht ein Glücksgefühl. Für viele Geplagte könnte der Zugang durch Geschichten verpackt möglich sein. Inhalte in vielen Bildern und Beispielen interessant und anregend darbieten zu können, ist eine Herausforderung für die Lehrerausbildung. Aber auch zu Hause könnten Eltern bei der Unterstützung ihrer Kinder überlegen, mit welchen Beispielen sie dazu beitragen, einen komplizierten Inhalt in das Gedächtnis ihrer Schützlinge zu befördern. Der Schriftsteller Hans Magnus Enzensberger zum Beispiel hatte die geniale Idee, in seinem Buch ›Der Zahlenteufel‹ den Lehrer als schlaues Teufelchen zu beschreiben. Im Schlaf macht sich das Teufelchen auf den Weg und hat spannende Begegnungen mit den Primzahlen als »prima Zahlen«, mit den Wurzeln als »Rettiche« und den Potenzen als »Hopser«. Nicht jeder Erzieher kann ein preisgekrönter Dichter sein, doch lassen sich mit etwas Phantasie auch schwächere Schüler und ihr Gedächtnis »ködern«. Wir wissen, dass auch geringere Begabung für ein Schulfach zu einem Großteil durch hohe Motivation und ausreichenden Trainingseinsatz kompensierbar ist. Wichtig ist dabei, dass jeder Lernprozess, der in einer guten Stimmungslage erfolgen sollte, jedes Mal eine stärkere Vernetzung im Gehirn verursacht. Das funktioniert bei dem einen Schüler etwas schneller und bei dem anderen etwas langsamer. Aber es funktioniert immer!

Ob Lernen etwas Nützliches und Schönes oder etwas Lästiges sein kann, ist eine Frage der Umwelt, in der die Lernerfahrungen gemacht werden. Die Lernbereitschaft und Motiviertheit erlischt bei Schülern nicht ausschließlich dadurch, dass der Lehrer phantasielos, schikanös oder unengagiert wäre. Der Psychiater Gerald Hüther ist der Überzeugung, dass komplexe Verschaltungen im kindlichen Hirn unter bestimmten Alltagsbedingungen wie Reizüberflutung, zu wenig Spielraum für eigene Kreativität oder aber Vernachlässigung nicht gelingen können, weil sie mit Emotionen einhergehen, die Lernen verhindern. Erfährt ein Kind zu Hause auf verschiedensten Wegen, dass sich Lernen nicht lohnt, dann muss man sich nicht wundern, wenn es unmotiviert und gelangweilt ist. Was sich dafür täglich mehr und mehr in die Gehirnwindungen prägt, ist eine Abkehr von der Lernbereitschaft. Eine liebevolle und interessierte Haltung der Eltern erhält und fördert dagegen den kindlichen Lerneifer. Eine »zu kuschelige« Lernatmosphäre ist für das Verstehen allerdings auch nicht gerade förderlich, weil sie »ohne jegliche Anstrengung auf niedrigstem Niveau passiert«, erklärt der Neurobiologe Roth: »Lernen muss als positive Anstrengung empfunden werden.« Nur dann belohnt sich das Gehirn für seine Anstrengungen selbst und der Schüler kann das neu Gelernte optimal abspeichern.

Fazit: Gefühle leiten uns durch unsere komplizierte Welt und bestimmen unser Handeln, indem wir etwas tun oder lassen. Was bei der Einspeicherung in das Gedächtnis mit bestimmten Gefühlen erlebt wird, wird auch mit derselben Gefühlstönung wieder erinnert. Wenn wir über Gefühle einen persönlichen Bezug zu einem Lernstoff aufbauen, bleibt er hängen. Anregender Unterricht, spannende Exkursionen, Lob für gute Leistungen, in Geschichten verpackte Lerninhalte verhelfen zu komplexen Verschaltungen im kindlichen Gehirn. Stress und Angst sind die schlechtesten Lehrmeister. Sie blockieren die Gedächtnisaufnahme und den Abruf, zudem machen sie krank.

Lerntypen: Der optimale Sinnesweg ins Gedächtnis

Tom will Pilot werden. Die Begeisterung des Elfjährigen für die Fliegerei ist so groß, dass er selber komplizierte Modellflugzeuge bastelt und im Internet gerne Quizfragen zu diversen Flugzeugtypen beantwortet. Tom liest, tüftelt, sieht Filme und fordert sich: Er lernt mit allen Sinnen. Was bei seinem Hobby »wie von selbst« geschieht, muss sich Tom bei dem geforderten Schulstoff mühsam beibringen. Der Schulstoff gelangt nicht »von allein« durch Neugier oder Begeisterung in sein Gedächtnis. Er muss gelernt werden, damit Tom das Klassenziel erreicht oder einen guten Notendurchschnitt. Dieses zweckgerichtete Lernen in der Schule ist unausweichlich, mehr oder weniger mühsam und bedarf gewisser Techniken, damit die Inhalte bei Klassenarbeiten auch zuverlässig abrufbar sind.

Während in den Schulen vor allem die sprachliche Wissensvermittlung angewendet wird, fordern Lernpsychologen, den Schulstoff möglichst oft auf verschiedenartige Weise zu präsentieren und erarbeiten zu lassen, also viele Wahrnehmungskanäle ins Gedächtnis zu nutzen (siehe S. 95ff.). Denn Lernen ist höchst individuell und nicht jede Lehr- und Lernmethode funktioniert für jeden Schüler gleich gut. Tom lernt am besten, wenn er etwas anfassen und ausprobieren kann, wie zum Beispiel die Flugzeugteile seines Modells. Andere müssen sich den Schulstoff aufschreiben, etwa auf Karteikarten oder Spickzettel, damit sie ihn im Gedächtnis behalten. Viele Schüler erinnern Vokabeln am effektivsten, wenn sie sie auf CD hören und laut nachsprechen. Und einige Schüler müssen in Ruhe in sich gehen können, um Zusammenhänge zu überdenken, während andere Informationen am besten einspeichern, wenn sie im Zimmer auf und ab laufen.

Im Prinzip müssen Kinder selbst herausfinden, von welchem Lernstil sie am meisten profitieren. Auf der Suche nach den nützlichsten Lernstrategien allerdings können Eltern wichtige Hilfestellungen geben, indem sie fragen, auf welche Art und Weise ihr Kind ein Gedicht auswendig gelernt oder die Englischvokabeln gepaukt hat. Meist ist es für die Kinder gar nicht so einfach zu beschreiben, mit welcher Methode sie sich täglich intuitiv Dinge einzuprägen versuchen. Es lohnt sich aber, in einem Gespräch herauszufinden, welche Denkweise und Lernvorstellungen ein Kind hat, um zusätzliche Lernmethoden ausprobieren zu können, die vielleicht erfolgreicher sind als die bisherigen.

Im Folgenden werden die wichtigsten Lerntypen vorgestellt. Allerdings nutzen die meisten Menschen bei verschiedenen Anforderungen verschiedene Lernstrategien und zählen zu den gemischten Lerntypen. Einige Lernpsychologen schlagen deshalb vor, eher von verschiedenen Lernstilen zu sprechen als von Lerntypen. Grundsätzlich jedoch helfen die Einordnungen herauszufinden, für welche Methode das Gedächtnis Ihres Kindes besonders empfänglich ist.

Der visuelle Lerntyp prägt sich am besten ein, was er sieht. Er muss sich eine bildliche Vorstellung von dem machen können, was er lernen soll. Diese inneren Bilder gehen ins Langzeitgedächtnis über. Diagramme, Mindmaps (siehe S. 101 f.), Schaubilder oder Zeitleisten sind hier besonders effektiv. Wichtig sind optisch gute Lernmaterialien in Form von Büchern, Fotos, Zeichnungen, Grafiken oder Filmen.

Problematisch ist es für ihn, wenn bildliche Arbeitsmaterialien fehlen. Optische Ablenkungen vom Lernstoff wie Fernsehen, Internet oder andere Eyecatcher sollte er vermeiden.

Hilfreich ist für ihn eine klare Übersicht über das Lernpensum auf einem möglichst aufgeräumten Schreibtisch. Schriftliche Zusammenfassungen auf Karteikarten, Spickzetteln mit Skizzen, Modellen, Tabellen lassen sich besonders gut erinnern.

Der akustische Lerntyp nimmt am besten auf, was er hört und auch selber spricht. Spricht er Vokabeln laut anstatt sie lautlos zu lesen, oder liest er sich den Text selbst vor, dann prägen sich ihm die Inhalte nachhaltiger ein. Er ist ein aufmerksamer Zuhörer, spricht beim Lernen oft leise vor sich hin und kann gut auswendig lernen. Er erkennt einmal gehörte Stimmen oder Melodien leicht wieder.

Problematisch beim Lernen sind für ihn akustische Ablenkungen wie Musik oder spielende Geschwister.

Hilfreich sind Gespräche, Diskussionen, Frage- und Antwortmethoden beim Lernen mit den Eltern; Hörbücher, CDs mit Lernsoftware oder selbst aufgenommene Kassetten mit Vokabeln, Geschichtsdaten oder Matheformeln.

Der motorisch-haptische Lerntyp speichert leicht, was er anfassen und ausprobieren und deshalb nachvollziehen kann. Für ihn ist langes Sitzen am Schreibtisch eine Überwindung. Dieser Lerntyp ist eher praktisch veranlagt und begreift Lernen als einen aktiven Vorgang. Der Bewegungsdrang veranlasst Eltern manchmal zu dem Verdacht, ihr Kind leide unter Verhaltensstörungen oder ADS/ADHS, was in den meisten Fällen nicht zutrifft. Diese Kinder lernen am besten durch und in der Bewegung. Sie speichern wenig über bloßes Zuhören und Zuschauen. »Selbst machen« ist ihre Devise.

Problematisch: Auch wenn es für Eltern anstrengend ist, Verhaltenskorrekturen wie »Nun bleib doch endlich mal still sitzen!« führen bei diesem Lerntyp zu Leistungsminderungen.

Hilfreich ist alles, wobei er aktiv bleiben kann: Selbst an die Tafel schreiben, Modelle und Versuche gestalten, Zeichnungen anfertigen, am Computer Präsentationen für Referate entwerfen, Museen besuchen, Vokabellernen auf dem Trampolin oder beim Seilspringen, Umhergehen im Zimmer, Praktika, Workshops und Sport als Ausgleich.

Tipp: Einen ausführlichen Lerntypen-Test finden Sie unter: www.focus-schule.de

Das Gedächtnis braucht anregende Freizeit

Für die meisten Schüler gibt es auf der einen Seite den Pflichtteil Schule und auf der anderen Ferien, wo man anfängt, richtig Spaß zu haben. Bildungsreformen in Deutschland haben dazu geführt, dass zu viel in zu kurzer Zeit gelernt werden muss. Erziehungspsychologen weisen unaufhörlich darauf hin, wie wichtig neben einer motivierenden Lernatmosphäre ebenso die Freiräume sind. Die drei wichtigen F – Freunde, Freizeit und Faulenzen – brauchen Schüler, um sich von anstrengenden Schularbeiten zu erholen. Bis zur Pubertät haben Eltern relativ viele Möglichkeiten, ihre Kinder zum einen zu bewegen oder vom anderen abzuhalten. Ab dann kristallisieren sich während der Identitätssuche bei Jugendlichen die persönlichen Vorlieben so stark heraus, dass die Einflussnahme der Eltern nach und nach abnimmt. Bis zum zwölften Lebensjahr etwa können sich Eltern und ihre Kinder noch gemeinsam auf die Suche nach einem Hobby machen, bei dem Talent und Spaß eine Einheit bilden. In der Diskussion um sinnvolle Freizeitbeschäftigungen geht es oft um Glaubenskriege. Neurowissenschaftler können inzwischen einige Erkenntnisse liefern, die für oder gegen eine Wahl Argumente liefern.

Sport
An allererster Stelle für optimale Hirnleistungen steht die Bewegung. Körperliche Aktivität ist ein Grundbedürfnis von Kindern, was ab Schulbeginn nur allzu oft nach hinten gereiht wird. Auf die Frage, warum Pflanzen denn kein Gehirn haben, antwortete ein englischer Biologe einmal mit der entwaffnenden Begründung: Weil sie sich nicht bewegen!

Was zunächst etwas kryptisch klingt, kann aber zu folgendem Schluss führen: Wir Menschen haben ein Gehirn, weil wir uns bewegen müssen! Ohne Bewegung wird auch unsere Denkfähigkeit »ranzig« und schlapp. Hirnforscher konnten tatsächlich nachweisen, dass Sport nicht nur Muskeln, sondern auch »Köpfchen« aufbaut.

Der Neurowissenschaftler und begeisterte Eishockeyspieler Charles Hillman von der Universität von Illinois bewies das bei 259 Dritt- und Fünftklässlern: Die Kinder, die sich am meisten bewegten, hatten auch die besten Schulnoten. Die erhöhte Sauerstoffversorgung galt lange als ausreichende Erklärung für den fitten Geist. Durch moderne Tomografen konnte man kürzlich nachweisen, dass sich durch regelmäßigen Sport sogar neue Nervenzellen im Hippocampus bilden, dem Ort im Gehirn, wo neue Inhalte landen und in das Langzeitgedächtnis abgespeichert werden. Als »Dünger für das Gehirn« bezeichnete John Ratey vom Max-Planck-Institut für Psychiatrie in München eine Substanz (BDNF; brainderived neurotrophic factor), die beim Muskeltraining vermehrt produziert wird. Sie liefert den Nährstoff für alle Denkprozesse. Wer regelmäßig Sport macht, erhöht den Spiegel dieses »Düngers« wesentlich, was dazu führt, dass Nervenzellen sich besser verbinden können, und somit die Lernprozesse beschleunigt werden. Bei Menschen, die durch Bewegungsmangel eine zu niedrige Konzentration aufbringen können, hat das Gehirn Schwierigkeiten, neue Eindrücke zu verarbeiten und abzuspeichern. Dieser Effekt wird auch bei Kindern mit Aufmerksamkeitsstörungen beklagt. Bewegung (vom Radfahren über Spazierengehen bis zum Joggen oder Ballspielen) baut also nicht nur Alltagsstress ab und die gute Laune auf. Sport verhilft nachweislich zu besserem Lernen und zu einem besseren Gedächtnis!

Musik

Einen weiteren Gewinn für Schülerhirne bietet die Musik. Sie kann ohne große Umwege direkt das Befinden ändern. Hört man ein flottes Lied mit einem guten Rhythmus im Radio, steigt die Laune umgehend. Musik hat etwas von Zauberei. Neurodidaktiker fordern nachhaltig, wieder mehr Musik in den Schulbetrieb zu integrieren. Vor allem Singen, ein nachweislicher Muntermacher, findet nach der Grundschule im Stundenplan kaum noch statt. Lässt man sich nicht berieseln, sondern singt selbst ein Lied, dann verändert sich auch etwas im Gehirn. Das Belohnungszentrum wird aktiviert und Glückshormone werden ausgeschüttet. Stresshormone werden abgebaut und körpereigene Abwehrstoffe für ein gesundes Immunsystem erhöht. Musik soll aber nicht nur gute Laune machen, die Teamfähigkeit verbessern und die emotionale Stabilität fördern. Musik soll auch die Lernfähigkeit steigern. Die Forschung will vor allem herausbekommen: Gibt es bei aktiven Musikern auch ein höheres Leistungsvermögen auf anderen Gebieten? Man spricht hier von Transfereffekten: Könnte es sein, dass durch die speziellen Hirnvernetzungen von Musizierenden auch die Vernetzungen von mathematisch-räumlichen oder sprachlichen Fähigkeiten verstärkt werden, die Intelligenz also insgesamt erhöht wird? Kognitionswissenschaftler vom Max-Planck-Institut in Leipzig kamen hier zu einem positiven Ergebnis: Der Neurowissenschaftler Sebastian Jentschke maß bei 40 Kindern im Alter von zwei bis elf Jahren die Hirnströme. Ein Teil der Kinder war musikalisch trainiert, der andere Teil nicht. Es stellte sich heraus, dass die musizierenden Kinder um bis zu fünf IQ-Punkte besser abschnitten. Vor allem zeigte sich eine enge Verbindung zwischen der Verarbeitung von Musik und Sprache im Gehirn. Wer ein Instrument erlernt, versteht Regeln und Strukturen besser, was der allgemeinen Intelligenz zugutekommt: »Wir haben eindeutige Transfereffekte durch Musikerziehung nachgewiesen«, er-

Der große
FOCUS-SCHULE
GEDÄCHTNIS-
TEST

FOCUS SCHULE

Test: Wie gut ist

Merkfähigkeit | Mit diesem Test können Schüler feststellen, wie gut sie sich Sachen, Formen, Buchstaben, Zahlen und Geschichten merken können – im Vergleich zu Gleichaltrigen. Einige Tipps helfen den Kindern dabei.

Manchmal kann man sich Dinge lange merken, und manchmal erinnert man sich leider trotz größter Mühe nicht mehr an die Vokabeln, Gedichte oder Mathematikformeln, die man gestern noch gelernt hat und auch wusste. Das Gedächtnis ist eine tückische Sache. Und jeder Mensch – wie auch jeder Schüler – kann Details unterschiedlich gut abspeichern. Dieser Test bietet dir eine erste Einschätzung, wie gut deine Gedächtnisleistung ist. Er dauert etwa **25 Minuten,** und du benötigst nur **eine Uhr mit Sekundenzeiger, einige Blätter unbeschriebenes Papier und einen Stift**.

Der Test ist aufgeteilt in Altersgruppen:

Du erkennst die Einteilung an den farbigen Rahmen.

Altersgruppe I | **1. bis 6. Klasse**

ca. 6 bis 12 Jahre, nur die Aufgaben Nr. 1 bis Nr. 6 lösen

Altersgruppe II | **7. bis 12. Klasse**

ca. 13 bis 18 Jahre, nur die Aufgaben Nr. 3 bis Nr. 8 lösen

Altersgruppe I+II | **1. bis 12. Klasse**

ca. 6 bis 18 Jahre, Aufgaben Nr. 3 bis Nr. 6 müssen beide Altersgruppen lösen. Wer Lust hat, kann natürlich alle Aufgaben lösen, auch wenn sie für eine andere Altersgruppe gedacht sind. Bei der Auswertung zählen allerdings nur die Aufgaben deiner Altersgruppe.

Thomas von Krafft vom Münchner youngworld-Institut hat sich auf die Entwicklung und Anwendung von Tests für Schulkinder spezialisiert. Er hilft Eltern dabei, die Begabungen ihrer Kinder aufzudecken und zu fördern. **www.youngworld.de**

dein Gedächtnis?

1

nur 1. bis 6. Klasse

1. Aufgabe: **bekannte Sachen einprägen**

Anweisung: Versuche, dir so viele der unten abgebildeten Dinge wie möglich einzuprägen. Du hast dafür 1 Minute Zeit.

Kleiner Tipp: Sprich einmal den Namen jeder Abbildung langsam laut aus. Nach 1 Minute bitte die Bilder abdecken, ca. 30 Sekunden warten und dann auf der nächsten Seite alles aufschreiben, was du dir gemerkt hast. Viel Erfolg!

1 Minute einprägen und dann bitte umblättern.

→

1 nur 1. bis 6. Klasse

1. Aufgabe lösen: **bekannte Sachen einprägen**

Wie viele Sachen konntest du dir merken?
Bitte trage sie unten ein. Du kannst entweder den Begriff in das leere Feld schreiben oder eine einfache Zeichnung anfertigen. Es zählt auch, wenn du nicht genau das richtige Feld triffst.

**Was hast du dir gemerkt? Bitte deine Lösung in die Felder eintragen.
Die Reihenfolge spielt dabei keine Rolle.**

Vergleiche, an wie viele Sachen du dich richtig erinnert hast.
Jeder Gegenstand zählt 1 Punkt.
12 Punkte können erreicht werden.

Deine Punktzahl: ☐

nur 1. bis 6. Klasse **2**

2. Aufgabe: **Gesichter wiedererkennen**

Anweisung: Unten siehst du verschiedene Gesichter. Versuche, sie dir gut zu merken. Du hast 45 Sekunden Zeit, danach ca. 30 Sekunden warten und dann umblättern. Auf der nächsten Seite siehst du wieder die Bilder, aber 4 Bilder sind ausgetauscht worden. Die musst du herausfinden.

45 Sekunden einprägen, dann bitte umblättern.

→

2 nur 1. bis 6. Klasse

2. Aufgabe lösen: **Gesichter wiedererkennen**

Es haben sich nun 4 Gesichter eingeschlichen,
die vorher nicht da waren.

Finde sie heraus.

Neue Gesichter bitte einkreisen.

Jedes richtig erkannte neue
Gesicht zählt 3 Punkte.
12 Punkte können erreicht werden.

Deine Punktzahl:

3. Aufgabe: **unbekannte Bilder merken**

Anweisung: Unten siehst du viele verschiedene Formen. Präge sie dir genau ein, und zwar nicht nur, wie sie aussehen, sondern auch, wo sie sind. Die Farbe ist egal.
Dann wartest du bitte 30 Sekunden. Auf der nächsten Seite musst du die richtigen Formen an die richtige Stelle setzen.

90 Sekunden einprägen, dann bitte umblättern.

→

3 1. bis 12. Klasse

3. Aufgabe lösen: **unbekannte Bilder merken**

Wo waren die Formen? An wie viele kannst du dich erinnern?

Formen an der richtigen Stelle einzeichnen (muss nicht schön sein).

Auswahl

Jede richtig eingezeichnete Form an der richtigen Stelle zählt 1 Punkt.
20 Punkte können erreicht werden. **Deine Punktzahl:** ☐

1. bis 12. Klasse

4

4. Aufgabe: **Buchstaben wiederholen**

Anweisung: Unten siehst du Buchstabenreihen, die immer länger werden. Nimm dir eine nach der anderen vor und versuche, dich an sie zu erinnern. Schau dir eine Reihe an (alles andere ist ab-gedeckt), sage sie dreimal laut und langsam vor dich hin und decke sie dann ab. Dann wartest du bitte ca. 30 Sekunden. Jetzt versuchst du, sie aus dem Gedächtnis in die rechte Spalte einzutragen.

Reihen einzeln einprägen, mit einem Blatt Papier abdecken, nach 30 Sekunden rechts daneben aufschreiben.

JLZ	______________
KOGW	______________
ABNXE	______________
ÖÄZQIY	______________
DHWVMUE	______________
PRUÄADIG	______________
ITPBQXCHJ	______________
MNVCEAKRTF	______________
ZPGWMCZSUAÜ	______________
ÄQRNVHRIKTMX	______________

Jede richtige Buchstabenreihe zählt 1 Punkt.
10 Punkte können erreicht werden.

Deine Punktzahl: ☐

Trick: Probier`s doch mal mit der sogenannten **Loci-Methode**: Merke dir feste Punkte in deinem Zimmer und klebe in Gedanken die Buchstaben daran, am besten auffällig bunt oder in seltsamen Formen oder als sprechende Comic-Figuren. Je verrückter deine Idee, desto besser bleibt normalerweise der Inhalt im Gedächtnis. Warte nach dem ersten Versuch ca. 1 Minute und schreibe das Ergebnis auf ein separates Blatt Papier. Kannst du einen Unterschied feststellen? Die Loci-Methode kannst du übrigens auf unterschiedlichsten Gebieten einsetzen. (Die neuen Punkte werden nicht bewertet.)

5. Aufgabe: **Ziffern und Zahlen merken**

Anweisung: Unten siehst du Zahlenreihen, die immer länger werden. Nimm dir wieder eine nach der anderen vor und versuche, dich an sie zu erinnern. Schau dir eine Reihe an (alles andere ist abgedeckt), sage sie dreimal laut und langsam vor dich hin und decke sie dann ab. Dann wartest du bitte ca. 30 Sekunden. Jetzt versuchst du, sie aus dem Gedächtnis in die rechte Spalte einzutragen.

**Reihen einzeln einprägen, abdecken,
nach 30 Sekunden rechts daneben aufschreiben.**

4 6 9	______________________
6 5 8 1	______________________
1 6 5 7 2	______________________
2 5 0 4 7 7	______________________
2 1 9 2 7 8 3	______________________
9 1 8 5 4 9 2 6	______________________
7 6 9 5 6 4 5 3 2	______________________
1 5 1 3 2 6 9 2 7 8	______________________
4 3 8 6 7 5 0 1 9 2 0	______________________
0 3 7 5 8 7 5 1 9 8 0 1	______________________

Jede richtig erinnerte Zahlenreihe zählt 1 Punkt.
10 Punkte können erreicht werden.

Deine Punktzahl: ☐

Trick: Probier`s doch auf einem separaten Blatt Papier mal wieder mit einer anderen Technik, dem sogenannten **Transformiersystem**.

Vorbereitung: Ordne jeder Zahl, z. B. von 1 bis 20, ein bestimmtes Bild zu. Bilder können wir uns nämlich besser merken, z. B. für die „1" einen einsamen Kaktus in der Wüste, für die „2"ein Zwillingspärchen, das als Clowns verkleidet ist, usw. Sollst du dir nun etwas merken, hefte es nacheinander an diese Bilder. Ist der erste Begriff „Banane", dann setzt du z. B. dem Kaktus eine Bananenschale auf den Kopf. Warte nach dem ersten Versuch wieder ca. 1 Minute. Kannst du einen Unterschied feststellen? Transformiersysteme kannst du in vielen Bereichen einsetzen. (Die neuen Punkte werden nicht bewertet.)

6. Aufgabe: **Anweisungen behalten**

Anweisung: Unten findest du Regeln, die Wanderer und Bergsteiger berücksichtigen sollten. Schau sie dir 2 Minuten lang an, lies sie laut vor dich hin und decke sie dann mit einem Blatt Papier ab. Nun wartest du wieder ca. 30 Sekunden.
Anschließend versuchst du, so viele Regeln wie möglich auf der nächsten Seite hinzuschreiben.
Die Reihenfolge ist nicht wichtig. Bei jüngeren Schülern können auch die Eltern die Texte eintragen.

Bitte einprägen, dann umblättern.

1. Prüfe vor dem Wandern deine körperliche Eignung.
2. Plane jede Bergtour genau.
3. Achte auf die richtige Wanderausrüstung.
4. Vergiss dein Mobiltelefon nicht.
5. Beachte die Wettervorhersagen.
6. Sag jemandem, wo du bist.
7. Sei rechtzeitig zurück,
   Nächte auf dem Berg sind gefährlich.
8. Geh nicht allein.
9. Der oder die Schwächste
   in der Gruppe ist der Maßstab.
10. Teile deine Kräfte ein, geh nicht zu schnell.
11. Verlasse nicht die Wanderwege.
12. Halte die Bergwelt sauber.

→

6

1. bis 12. Klasse

6. Aufgabe lösen: **Anweisungen behalten**

Bitte hier die Anweisungen für Wanderer eintragen, an die du dich sinngemäß erinnerst (muss nicht wörtlich sein).

1. ____________________

____

2. ____________________

____

3. ____________________
4. ____________________
5. ____________________
6. ____________________
7. ____________________

____

8. ____________________
9. ____________________

____

10. ____________________
11. ____________________
12. ____________________

Jede Anweisung zählt 1 Punkt.
12 Punkte können erreicht werden. **Deine Punktzahl:** ☐

Trick: Probier`s doch beim zweiten Mal wieder mit einem Trick: Baue jede Anweisung in ein Bild ein, das dir gerade einfällt, am besten wieder so ungewöhnlich wie möglich. Vielleicht kannst du dir vorstellen, wie du auf originelle Weise selbst diese Anweisung ausführst. Warte nach dem ersten Versuch ca. 1 Minute und schreibe die Sätze dann auf ein separates Blatt Papier. Kannst du einen Unterschied feststellen? Auch diese Methode kannst du auf vielen Gebieten einsetzen. (Die neuen Punkte werden nicht bewertet.)

7. Aufgabe: **Ortsschilder einprägen**

Anweisung: Du bist mit dem Fahrrad unterwegs und hast weder Zettel noch Stift, weder Navi noch Diktiergerät oder Landkarte dabei. Du musst dir die Ortsschilder einprägen. Unten findest du sechs solcher Schilder. Präge dir die Angaben 90 Sekunden lang ein. Nun wartest du wieder ca. 30 Sekunden. Dann bitte abdecken. Danach findest du Aussagen über die Schilder und sollst ankreuzen, ob sie richtig oder falsch sind.

90 Sekunden einprägen, dann bitte den oberen Teil mit einem Blatt Papier abdecken!

Welche Aussagen sind richtig, welche falsch? Bitte ankreuzen.

1. Nach Neuholzkrug ist es am weitesten.

❑ richtig ❑ falsch

2. Wenn ich nach Groschlattengrün will, muss ich nach links abbiegen.

❑ richtig ❑ falsch

3. Wenn ich 9 Kilometer nach links fahre, komme ich nach Dickebülten.

❑ richtig ❑ falsch

4. Verlorenwasser liegt rechts und ist näher als Kirschroth.

❑ richtig ❑ falsch

Jede richtige Antwort zählt 3 Punkte.
12 Punkte können erreicht werden. **Deine Punktzahl:** ☐

8

nur 7. bis 12. Klasse

8. Aufgabe: **Geschichte wiedergeben**

Unten siehst du den Auszug aus einer Geschichte. Versuche, dir alle Sätze innerhalb von 3 Minuten genau zu merken. Dann wieder abdecken und 30 Sekunden warten. Versuche nun möglichst viele Ideen, Vorgänge oder Sätze aus der Geschichte auf der Seite rechts aufzuschreiben.
Lass dir dabei ruhig Zeit.

Das Verfahren ist eigentlich sehr einfach. Zuerst sortiert man die Objekte in verschiedene Gruppen. Natürlich könnte auch ein Haufen genügen, je nachdem wie viel zu tun ist. Wenn man wegen fehlender Ausrüstung woanders hingehen muss, ist es der nächste Schritt. Anderenfalls kann es losgehen.

Es ist wichtig, nicht zu übertreiben. Das heißt, es ist besser, wenige Dinge auf einmal zu tun als zu viele. Das mag auf kurze Sicht unwichtig erscheinen, aber es können sich leicht Schwierigkeiten ergeben. Ein Fehler kann auch teuer sein.

Am Anfang sieht die ganze Prozedur kompliziert aus. Aber bald wird sie zu etwas, das zum Leben gehört.

Es ist schwierig zu erkennen, warum diese Arbeit sofort getan werden muss, aber man kann ja nie wissen.

Wenn der Vorgang beendet ist, sortiert man die Objekte wieder in verschiedene Gruppen. Dann kann man sie wieder dahin legen, wo sie hingehören.

Nach einiger Zeit werden sie wieder benutzt, und der ganze Zyklus muss wiederholt werden. Aber das gehört zum Leben.

Nachdem du die Geschichte gelesen hast, decke sie bitte mit einem Blatt Papier ab!

→

nur 7. bis 12. Klasse

8

8. Aufgabe lösen: **Geschichte wiedergeben**

Hier bitte die Ideen und Sätze, an die du dich erinnerst, eintragen.

1. ______

2. ______

3. ______

4. ______

5. ______

6. ______

Jede Aussage, an die du dich erinnerst, zählt 2 Punkte (maximal 12 Punkte), auch wenn die Argumente nicht vollständig sind.

Deine Punktzahl: ☐

Tipp: Bei der Geschichte links ging es ums Wäschewaschen. Ohne noch einmal die Geschichte anzuschauen, versuche nun, weitere Vorgänge aus der Geschichte zu sammeln. Du wirst feststellen, dass du dir viel mehr gemerkt hast, als im ersten Moment zu sehen war. Wenn man genau weiß, um was es geht, hilft das unserem Gedächtnis auf die Sprünge. (Die neuen Punkte werden nicht bewertet.)

Auswertung

Du konntest maximal
76 Punkte erreichen.

Alle Punkte zusammenzählen und eintragen:

1. bis 6. Klasse / Aufgabe 1 – 6

☐ + ☐ = ☐

7. bis 12. Klasse / Aufgabe 3 – 8

☐ + ☐ = ☐

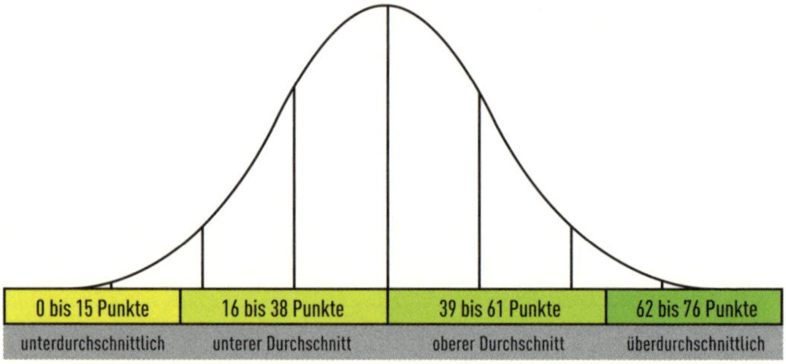

0 bis 15 Punkte:

Schwache Gedächtnisleistung. Im Moment scheinst du unkonzentriert und wenig aufnahmefähig zu sein. Eventuell stören dich bestimmte Umstände, z. B. Sorgen, Beschwerden, Stress und Ähnliches. Versuche, beim Lernen innerlich ruhig zu werden und dich nur auf die Inhalte zu konzentrieren. Arbeite auch mit den Techniken, die wir dir verraten haben. Vielleicht kannst du einen Kurs machen, bei dem es um die Verbesserung der Merkfähigkeit geht.

16 bis 38 Punkte:

Gedächtnisleistung leicht unter dem Durchschnitt. Insgesamt kannst du noch zu wenig von den Dingen behalten, die du lernen möchtest. Achte darauf, dass dich beim Lernen nichts ablenkt und du innerlich ausgeglichen bist. Vielleicht helfen dir ja auch unsere Tricks, um besser zu werden? Und noch ein Tipp: Auch das Gedächtnis kann man wie einen Muskel trainieren.

39 bis 61 Punkte:

Gedächtnisleistung im oberen Durchschnitt. Du kannst dir die meisten Inhalte gut merken. Das ist toll, und du kannst stolz sein. Wenn du noch besser werden willst, kannst du dir selbst Gedächtnisübungen zusammenstellen. Wenn du z. B. einkaufen gehen sollst, versuche, dich an die lange Liste mit vielleicht 15 Dingen zu erinnern, ohne darauf zu schauen. Nach einer Weile wirst du merken, dass du immer noch besser wirst.

62 bis 76 Punkte:

Starke Gedächtnisleistung. Dein Gedächtnis funktioniert bestens. Glückwunsch! Vielleicht hast du aber Lust, mit ein paar Techniken, wie wir sie dir verraten haben, zu einem echten Gedächtniskünstler zu werden? Versuche es!

klärt Jentschke. Die emotionale Kraft der Musik halten viele Forscherkollegen für einen wesentlichen Lernturbo, so auch Eckart Altenmüller, Leiter des Instituts für Musikphysiologie und Musikmedizin an der Hochschule für Musik und Theater in Hannover. Musik eigne sich, so Altenmüller, deshalb so sehr dazu, Neuronen stärker zur Vernetzung anzuregen, weil sie stark an das emotionale System gekoppelt ist. Und die Aktivierung von Gefühlen bedeute auch die Stabilisierung von Lernerfolgen.

Vor allem übt das Musizieren das komplexe Wechselspiel, Sequenzen zu hören und Bewegungen zu planen. Und es verbessert die Verbindung zwischen den beiden Großhirnhemisphären, da zum Beispiel beim Trommeln oder Klavierspielen die linke und rechte Hand unterschiedliche Rhythmen spielen. Musizieren ist also ein vielseitiges Fitnessstudio für das Gehirn, in dem weit mehr trainiert wird, als nur das Musizieren selbst. Einen wunderbaren Beitrag zur Musikförderung leistete der Dirigent der Berliner Staatsoper, Daniel Barenboim. Er initiierte in Berlin-Mitte den ersten Musikkindergarten, in dem jedes Kind ein Musikinstrument erlernt. Das Pilotprojekt will beobachten, wie Kinder sich entwickeln, wenn sie durch Musik erzogen werden.

Fernsehen und Computerspiele

Die schlechtesten Noten im Freizeitranking erhält der Fernsehkonsum – zum Leidwesen der Kinder. Denn das Fernsehen ist nach wie vor das Leitmedium, obwohl der Computer ihm durch Chatten und Surfen zunehmend den Rang abläuft. Fernsehverbot ist für viele Kinder das Schlimmste. In Amerika wurden Kinder gefragt, wen oder was sie denn mit auf eine einsame Insel nehmen würden. Die meisten wählten den Fernseher und ließen ihre Erzeuger daheim.

»Fernsehen macht dick, dumm und gewalttätig«, davon ist der Hirnforscher Manfred Spitzer überzeugt. Er lehnt

Fernsehen rundweg ab und zieht seine fünf Kinder ohne die Glotze auf. Viele Erziehungswissenschaftler gehen einen anderen Weg und fordern eine sinnvolle und altersgemäße Medienerziehung. Kinder völlig vom Fernsehen fernzuhalten erachtet die Medienwissenschaftlerin Maya Götz für verantwortungslos. Schließlich begegneten Kinder irgendwann zwangsläufig dem Fernsehen. Und dann, so die Leiterin des Internationalen Zentralinstituts für das Jugend- und Bildungsfernsehen (IZI) in München, seien sie grenzenlos überfordert. Medienkompetenz verhindere auch eine Falschnutzung in späteren Jahren. So anstrengend es auch sein mag – wenn man die Regie der Erziehung nicht dem Fernsehen überlassen will, müssen Programmauswahl, klare Absprachen und Kontrolle her.

Weniger fraglich ist dagegen die Wirkung von Fernsehen auf Lernleistungen. Wenn man weiß, dass Lernen mit Gefühlen einhergeht, dann kann man sich die Frage nach der Begeisterungsfähigkeit für Schule einerseits und Fernsehen andererseits schnell beantworten. Sieht ein Kind Fernsehen, ist es emotional stark beteiligt. Im Unterricht werden die Gefühlswallungen weniger stark ausfallen. Lehrer haben also nicht die besten Karten, denn sie werden »Sponge Bob« oder »Spiderman« nicht toppen können. Richtig ineffizient wird das Lernen aber vor allem dann, wenn die Hausaufgaben gerade beendet sind, und gleich im Anschluss »zur Belohnung« das Fernsehprogramm startet. Das Gelernte hat wenig Chancen, sich zu konsolidieren. Das neu aufgenommene Wissen wird durch die starken emotionalen Reize des Fernsehens gelöscht oder teilweise überschrieben. Der Lerninhalt im Zwischenspeicher Hippocampus kommt erst gar nicht vollständig an die Grenze zum Langzeitspeicher. Und in der Nacht, wenn die Lerninhalte vom Zwischenspeicher in den Langzeitspeicher umgelagert werden, sind Fernsehinhalte durch ihre emotionale Wucht bereits in der Zielgeraden.

Mit Computerspielen verhält es sich hier nicht viel anders,

auch wenn sie interaktiv sind. Bei ihnen kommt noch die Gefahr der Sucht dazu. Inwiefern der Einzug vom Computer in die Klassenzimmer – E-Learning – erfolgreich sein wird, muss man abwarten. Grundsätzlich kommen Kognitionswissenschaftler zu dem Schluss, dass Erzieher den Schülern den besseren Unterricht liefern können. Gleichzeitig finanziert die OECD die Entwicklung von Schulcomputerprogrammen. Hier sollen in amerikanischen und schwedischen Hirnforschungslabors Programme entwickelt werden, die bereits bei Grundschülern das Arbeitsgedächtnis und die Mustererkennung schulen sollen. Ob dieses Hirntraining tatsächlich die geistigen Fähigkeiten steigern wird und kreative Problemlösungsstrategien ermöglicht, ist noch Zukunftsmusik. Jedenfalls ergibt sich nach Überzeugung des Münchner Hirnforschers Ernst Pöppel durch den rasenden Medienwandel ein Generationenproblem: »Wir leben in einer Zwei-Klassengesellschaft, in der die Jugend, die Kinder, in einer anderen Weise geprägt sind als die Erwachsenen und dadurch natürlich auch Kommunikationsschwierigkeiten auftreten.« Pöppel weist darauf hin, dass die Informationsverarbeitung in den Hirnen unserer Kinder durch Fernsehen und Computer bereits in anderer struktureller Prägung stattfindet als bei den älteren Generationen. Die Kinder bekommen wesentlich mehr bildliche »Nahrung« als sprachliche.

Wie extrem die Technik die zukünftigen Generationen prägen wird, kann heute noch nicht beantwortet werden. Eines aber ist bereits für die heutige »digital geprägte« junge Generation deutlich anders: die Beschleunigung der Informationsverarbeitung. Als problematisch sieht Pöppel die Infohäppchen und kurzen Schnitte der Bildabfolge, wie sie im Fernsehen und Computer üblich sind. Sie verändern vermutlich qualitativ die Sinnentnahme aus Sprache und Bild. Denn die »Gegenwartsfenster«, die das Gehirn bereitstellt, sind immerhin drei Sekunden lang. Das heißt, »nur« alle drei Sekunden schaut das Hirn, was es Neues gibt. Wenn schon

Technik als Intelligenzverstärker eingesetzt werden soll, dann, so Pöppel, sollte sich die Technologie an den vorgegebenen Zeittakt des Gehirns zur Informationsverarbeitung anpassen.

Fazit: Freizeit soll entspannen und aufbauen und nicht ermüden und überreizen. Damit sich Lerninhalte festigen können, müssen Schüler die Möglichkeit bekommen, sich außerhalb der Schule auszutoben. Sich mit Freunden zu treffen, steht dabei ganz oben. Sport verhilft nachweislich zum Stressabbau, steigert aber auch geistige Fähigkeiten.

Alle Kinder hören gern Musik. Damit diese Vorliebe nicht verkümmert, raten Erziehungspsychologen zu einer stärkeren Musikkultur. Musikhören entspannt und macht gute Laune. Das wird durch Singen noch gesteigert. Aktives Musizieren könnte zur generellen Leistungssteigerung in anderen Fächern führen. Vielleicht schneiden die Musiker und Sportler bei Leistungstests aber auch deshalb so gut ab, weil die fehlende Langeweile sie nicht zum Fernseher treibt. Fernsehen und Computerspiele werden nahezu einhellig als die schlechteste oder gefährlichste Freizeitbeschäftigung bewertet. Sie behindern das Lernen, weil die starke emotionale Beteiligung der jungen Zuseher das gerade Gelernte überschreibt und verblassen lässt.

WANN UND WARUM LÄSST UNS DAS GEDÄCHTNIS IM STICH?

Was wäre das Leben doch einfach, würden wir alles behalten und nichts vergessen. Kein verlegter Schlüssel, keine vergessenen Vokabeln, keine »Verdammt!-Ich-hab-schon-wieder-den-Turnbeutel-vergessen!«-Nervereien oder peinliches Entsetzen wie »Ich-hab-völlig-verschwitzt-meiner-Mutter-ein-Geburtstagsgeschenk-zu-kaufen!«.
Gedächtnislücken gehören offensichtlich zum Alltag. Eltern haben es schon schwer genug mit ihrer eigenen Vergesslichkeit. Nun müssen sie ihren Kindern beibringen, sich selbst zu organisieren, indem sie Litaneien predigen, wie »Vergiss nicht immer, deine Mütze aufzusetzen!« oder »Kannst du dir bitte endlich einmal merken, dein Handy nach der Schule einzuschalten!«. Vorschulkindern sieht man noch nach, dass sie nicht alles parat haben. Schließlich leben die im Hier und Jetzt. Ab der Einschulung aber reift die bewusste Gedächtnisfähigkeit. Kinder wissen jetzt bereits, dass sie etwas vergessen haben, oder sich dies und jenes für den Folgetag merken müssen. Routine hilft ihnen zunehmend, Dinge im Kopf zu behalten, die erledigt werden müssen. Ab der Pubertät hapert es mit der Merkfähigkeit wieder gewaltig. Die Umbauphasen im Gehirn durch die Neuorganisation der Nervenzellverbindungen und durch die Hormonentwicklung lassen Jugendliche vieles vergessen. Sie sind wie vom Donner gerührt, wenn sie merken, dass sie ihr Geschichtsreferat völlig vergessen haben vorzubereiten. Nicht selten verbergen sich hinter diversen »Schusseligkeiten« bei Pubertierenden ein neuer Schwarm, extrem wichtige Vorhaben wie die Party am Wochenende oder der ersehnte Besuch eines Rockkonzerts.

Prioritätenverschiebungen lassen den »faden Schulalltag« in den Hintergrund treten oder die dringende Bitte der Eltern vergessen, sich gefälligst zu melden, wenn sie mit Freunden auf Reisen sind. Gründe für das Vergessen oder Nicht-Erinnern gibt es unzählige. Haben Kinder mit ihren frischen Gedächtniszellen jedoch überdurchschnittlich häufig Probleme, sich den Schulstoff zu merken, obwohl sie ihre Hausaufgaben machen und üben, dann ist es an den Eltern, nach den Ursachen zu suchen. Vielleicht ist ihr Kind nicht mit Interesse bei der Sache und beschäftigt sich nur oberflächlich mit der Materie. Oder es kann sich nicht konzentrieren. Vielleicht ist es durch den Notendruck gestresst und überfordert. In dem Fall schützt sich das Gehirn und blendet Details aus. Oder es hat familiäre Sorgen? Vielleicht behindert auch eine Lernstörung das richtige Abspeichern und Abrufen von Informationen. Nicht selten lernen Kinder falsch, obwohl sie eine völlig normale Intelligenz besitzen. Sie sind zwar fleißig, erarbeiten sich den Schulstoff aber nicht effizient genug, sodass das neue Wissen zwar zunächst verstanden, nicht aber dauerhaft im Gedächtnis gespeichert wird. Viele Schulen haben bereits das Fach »Lernen lernen« ins Schulprogramm aufgenommen und unterrichten Lernstrategien nach eigenen schulinternen Konzepten. In diesem Buch soll der Test erste Hinweise geben, wie das individuelle Gedächtnis Ihres Kindes funktioniert. Im Kapitel »Das ist wichtig für ein gutes Gedächtnis« sind die vorrangigen Punkte zusammengefasst, die Schülern ein effizientes Lernen ermöglichen und somit das Gedächtnis verbessern.

Der Blackout bei der Prüfung

Jan hasst diese Situation: Er hatte sich auf die Geschichtsprüfung wirklich vorbereitet. Und jetzt, wo er den Fragen des Lehrers Rede und Antwort stehen soll, fällt ihm verflixt noch mal nicht ein, wie der amerikanische Präsident hieß, der mit Sir Winston Churchill über die Neueinteilung Europas nach dem Zweiten Weltkrieg verhandelte. Und die Suche nach dem vermissten Roosevelt macht ihn so nervös, dass er sich gar nicht auf die nächste Frage konzentrieren kann. Gott sei Dank kann er sich erinnern, welche Länder welche Sektoren besetzten! Aber wie verliefen gleich noch mal die Grenzen? Jan schafft die Leistungsabfrage leidlich. Nach der Prüfung purzeln alle Fakten ungefragt in sein Bewusstsein und Jan ist sauer. Diese Paradesituation kennt jeder Schüler und noch als Erwachsener erinnert man sich an Prüfungsangst bei wichtigen Tests, die einen in Träumen verfolgen kann.

Verantwortlich für Jans Gedächtnislücken ist hier der Stress. Stresshormone in hoher Konzentration blockieren das Gedächtnis, ohne dass man darauf wesentlich Einfluss nehmen könnte. Genauer gesagt haben Stresshormone dummerweise genau in den Regionen ihre Rezeptoren, also die Orte, wo sich die Hormone festsetzen, die auch für das Gedächtnis wesentlich sind. Das führt im schlimmsten Fall zu einem Blackout, die Informationskanäle werden geschlossen. Zu allem Überfluss bewegt sich der Gestresste dann auch noch im Teufelskreis. Je mehr er versucht sich zu erinnern, desto mehr Stresshormone werden ausgeschüttet und blockieren den Informationszugang noch mehr. Dieser Kreislauf ist durchbrochen, wenn die Stresshormone ihren Klammergriff lösen und das Gehirn sich wieder frei »bewegen« kann.

Genauso wenig wie Stress beim Einspeichern von Lerninhalten zu gebrauchen ist (siehe S. 53ff.), taugt er beim Abruf von Gelerntem. Ein geringer Pegel an Stresshormonen darf sich wichtig machen, wenn die Aufmerksamkeit für Neues gestartet werden soll. Und auch die Erinnerungen, Assoziationen oder ein genialer Einfall tauchen plötzlich auf, wenn man ein wenig aufgeregt ist. Aber eine Flut von Stresshormonen scheint das Gedächtnis zu betäuben. Hier hilft nur, die Aufregung vor einer Prüfung gezielt durch Entspannungstechniken oder mithilfe von Schulpsychologen abzubauen (siehe S. 108ff.).

Das Gedächtnis ist trügerisch

Jans Beispiel zeigt, wie trügerisch unser Gedächtnis arbeitet. Offensichtlich haben Erinnerungen mehr mit der Gegenwart zu tun als mit der Vergangenheit. Denn die Geschichtsfakten waren auch zum Zeitpunkt der Prüfung in Jans Gedächtnis. Jan konnte sie nur nicht rekonstruieren, weil der Stress ihn »lahmgelegt« hat. Blackouts, Gedächtnislücken und falsche Erinnerungen werden durch viele Zustände hervorgerufen, in denen wir uns gerade befinden: Stress, körperliche Befindlichkeiten, Trauer, Glück oder tiefe Ruhe bewirken ganz unterschiedliche Zugänge zu unseren Gedächtnisinhalten. Das wird besonders deutlich bei Erwachsenen, die über viele Jahre ihre Kindheitserlebnisse immer wieder erzählen. Jedes Mal, wenn sie einen Schwank aus ihrer Schulzeit zum Besten geben, werden die Erinnerungen aktiviert, mit kleinen emotionalen Zusätzen verknüpft und etwas modifiziert wieder neu abgelegt, das heißt intensiver vernetzt. Jeder von uns kennt einen Onkel, dessen Geschichten aus der guten alten Zeit immer doller werden, je öfter er sie lebendig macht. Als Erwachsener hat man deshalb ganz andere Erinnerungsbilder wie als Jugendlicher oder als Kind.

Das Gedächtnis dürfte wesentlich geschmeidiger sein, als wir es uns vorstellen. Besonders betroffen ist hier das autobiografische Gedächtnis, das mit dem Faktengedächtnis komplex vernetzt ist, und Erinnerungen als positiv oder negativ bewertet werden. Streitigkeiten wie »Das war doch ganz anders!« kommen oft vor und haben mit einer Objektivität der Ereignisse nur noch wenig zu tun. Unser Gedächtnis ist ja auch nicht objektiv, sondern ein weit verzweigtes System, das durch unsere individuellen Erfahrungen geknüpft ist. Hätten wir ein anderes Gedächtnis, wären wir eben ein anderer Mensch.

False memories, wie die Neurowissenschaftler falsche Erinnerungen nennen, finden aber auch bei Kindern statt, obwohl die Zeitspanne zwischen dem Erlebten und der Erinnerung an das Erlebte noch gar nicht so groß ist. Kinder können noch nicht so gut zwischen wahr und falsch bzw. zwischen Phantasie und Wirklichkeit unterscheiden. Sie geben manchmal Erlebnisse wieder, die so gar nicht stattgefunden haben. Nicht deshalb, weil sie uns einen Bären aufbinden wollen, sondern weil die Gedächtnisinhalte noch nicht so gefestigt und deshalb leicht zu beeinflussen sind (darüber hinaus fehlt es an Lebenserfahrung um echt von nicht-echt zu unterscheiden). Durch Suggestion oder Einbildung lassen sich bei Kindern Reminiszenzen von Ereignissen in das Gedächtnis pflanzen, die so gar nicht passiert sind. Solche Gedächtnistäuschungen finden besonders leicht statt, wenn echte Erinnerungen mit fremden Erinnerungen kombiniert werden. Dabei vergessen die Kinder, woher die Information stammt.

Die amerikanische Psychologin Elisabeth F. Loftus wies bei einem Versuch mit Kindern nach, wie weit deren Gedächtnis beeinflussbar ist. Sie zeigte Kindern Fotos von einer gemeinsamen Fahrt mit ihrem Vater in einem Heißluftballon. Tatsächlich hatte nie eine Ballonfahrt stattgefunden. Trotzdem befassten sich die Kinder mit den vermeintlichen Erinnerungen. Sie fingen an zu beschreiben, wie aufregend die Ballonfahrt mit ihrem Vater gewesen sei. Die Dissonanzen zwischen ihren eigenen Erinnerungen und der Realität auf den Fotos versuchten sie dadurch auszugleichen, indem sie eine erklärende Geschichte dazu erfanden. Sogar das bloße Ausmalen von Ereignissen in der Phantasie kann die Überzeugung verstärken, sie hätten wirklich stattgefunden, bewies Loftus.

Sind falsche Erinnerungen bereits falsch abgespeichert?

Die Hirnforschung will wissen, wo, wann und wie falsche Erinnerungen entstehen. Werden Erinnerungstäuschungen gleichzeitig mit dem tatsächlichen Ereignis abgespeichert? Oder entstehen die Fehler erst beim Abrufen der Erinnerung? Vieles spricht für die zweite These. Nachhaltig in Verdacht geraten, falsche Erinnerungen zu produzieren, ist die linke Gehirnhälfte. Grundsätzlich ist die linke Hemisphäre (bei Rechtshändern) bei analytischen Aufgaben und anspruchsvollen kognitiven Leistungen dominant, etwa dem Problemlösen. Die rechte Gehirnhälfte »betreut« eher die Gefühle, die räumliche Orientierung und die reine Wahrnehmung.

Michael S. Gazzaniga, Kognitionswissenschaftler in New Hampshire, führte Versuche bei Hirnpatienten durch, um falsche und richtige Erinnerungen im Gehirn zu orten. Durch bildgebende Verfahren wie der Kernspintomografie konnte er nachweisen, dass bei einer falschen Erinnerung Regionen in beiden Hemisphären aktiv waren. Bei einer richtigen Erinnerung hingegen war nur eine Region in der rechten Hemisphäre aktiv. Gazzanigas Theorie nach hat die linke Gehirnhälfte ein besonderes Talent zu kreativem Erzählen, das er »Interpretier-Mechanismus« nennt: Kommt es bei Erinnerungen zu Ungereimtheiten, sucht die linke Gehirnhälfte nach einer plausiblen Erklärung und erfindet dazu die passende Geschichte.

»Der Interpretier-Mechanismus der linken Gehirnhälfte sucht unablässig nach einer Ordnung und einem Sinn, auch wenn dergleichen nicht vorhanden ist – und macht dabei so manchen Fehler«, erklärt Gazzaniga. Folgt man seinen Ausführungen, dann liegt die Wahrscheinlichkeit nahe, dass Erinnerungstäuschungen erst beim Abruf entstehen.

Unterforderung schadet dem Gedächtnis

Grundsätzlich, da sind sich alle Fachleute einig, gilt für ein gutes Gedächtnis: Es muss von Kindheit an trainiert werden wie ein Muskel. Wird es nicht trainiert, erschlafft es. Dabei ist unstrittig, dass Unterforderung schadet. Das gilt für Kinder wie Erwachsene.

Eher solle man an die Obergrenze der Leistungsfähigkeit gehen. Das heißt, es ist gut, Kinder neben ihrem eigenen freien Spiel auch neue Erfahrungen im Alltag zu ermöglichen, Beobachtungen genauer vorzunehmen, Fragen zu stellen und Diskussionen anzuregen. Dies kann man immer und überall tun, ob im Straßenverkehr, im Museum, im Zoo, beim Essen oder in der Natur. Kinder lernen schnell und saugen neue Inhalte förmlich auf. Die Strukturen, die während der Hirnentwicklung aufgebaut werden, sind auch für die spätere Erinnerungsfähigkeit wesentlich. Die Wissensstrukturen, die bis zum Erwachsenenalter angelegt werden, bilden eine »Wissenslandkarte«, die man benutzt, um neue Lerninhalte einlagern zu können und sich zu orientieren. Die Strukturenbildung bedeutet gleichzeitig, dass wir Wahrnehmungen nicht pur speichern und ebenso wieder abrufen, sondern nur auf die gespeicherte Form ihrer Verarbeitung zurückgreifen können.

Die Veranlagung des menschlichen Gehirns, Regeln erkennen zu wollen, zu kategorisieren und zu abstrahieren, beinhaltet allerdings auch, dass viele Dinge vergessen werden müssen. Würden wir alles, mit dem wir konfrontiert werden, behalten, würden wir verrückt. Selektive Wahrnehmung und selektives Wissen beinhalten also bereits ein selektives Vergessen, eine Beseitigung von Informationsschrott, die den Überblick bewahren lässt.

Umgekehrt gibt es keine Löschtaste für bereits Erlebtes. Grundsätzlich vergessen wir vermutlich wenig, was wir erlebt haben, können aber vieles nicht aktuell abrufen, weil die geeigneten Abrufreize fehlen. Negative und angstbesetzte Erinnerungen bleiben präsent, da die Evolution uns nicht zu vergessen erlaubt, was uns gefährden könnte. Bereits mit Beginn des 20. Lebensjahres baut das Gedächtnis nach und nach ab. Ein Grundschüler lernt in Windeseile ein zehnstrophiges Gedicht auswendig. Ein Student hat damit bereits Schwierigkeiten und ein 50-Jähriger muss oft und viel üben, damit er textsicher bleibt. Das liegt nicht daran, dass jeden Tag rund 6000 Hirnzellen absterben, was in Anbetracht der 100 Milliarden Nervenzellen – und vielleicht sind es sogar Billionen? – ziemlich egal wäre. Die Plastizität, also die Formbarkeit des Gehirns, nimmt mit zunehmendem Alter beständig ab. Wichtig aber ist: Je vielfältiger im Kindesalter Vernetzungen auf ganz unterschiedliche Art und Weise angelegt und beständig erweitert werden, desto mehr Erinnerungszugänge haben wir, um Gelerntes wieder erschließen zu können. Und wenn einmal ein Erinnerungsschlüssel verlegt ist, helfen andere, um das Tor zum Gedächtnis wieder zu öffnen. Unser Gedächtnis ist der Motor, der uns bewusst und unbewusst auf Trab hält.

Lese- und Rechtschreibschwächen

Mit der deutschen Sprache haben in Deutschland etwa 15 bis 20 Prozent aller Schüler Probleme. Die Ursachen liegen, so das Ergebnis der PISA-Studien, vor allem in der Herkunft. Nachwuchs aus sozial schwachen und bildungsfernen Familien sowie Migrantenkinder sprechen häufig ein Deutsch, das unter dem Leistungsniveau ihrer Altersgenossen liegt. Legastheniker, also Menschen mit Lese- und Rechtschreibschwächen, aber kommen in allen Schichten vor. Sie bilden eine kleine Gruppe von Schülern, deren Fehlentwicklungen im Gehirn bedingt und deren Ursachen noch unklar sind. Laut WHO haben vier bis fünf Prozent der Menschheit eine

Lese-Rechtschreib-Schwäche, wobei die Jungen vier Mal so häufig betroffen sind wie die Mädchen.

Meist wird erst in der Schule erkannt, ob das Kind Legastheniker ist oder nicht. Dabei gibt es oftmals schon im Kindergartenalter Hinweise für Fehlentwicklungen. Wenn zum Beispiel ein dreijähriges Kind nur relativ wenige Worte beherrscht, könnte dies ein Anhaltspunkt sein. Normalerweise haben Vierjährige bereits die Grundlagen der Grammatik erlernt, während ihr Wortschatz beständig anwächst. Ihr Gedächtnis hat ein kleines mentales Lexikon angelegt, das Nebenaspekte beinhaltet. So ist der Pudding der Begriff für etwas, was »Essen + weich + süß« ist. Mit sechs Jahren kann ein Kind Wörter in Silben zerlegen und reimen. Das sind wichtige Fähigkeiten, um Lesen und Schreiben zu erlernen. Weichen die sprachlichen Leistungen eines Kleinkindes von diesen Grundstandards stark ab, liegt der Verdacht auf eine Lernbehinderung nahe.

Um herauszufinden, ob es sich wirklich um Legasthenie handelt, gehört ein Kind in professionelle Hände. Die Diagnose kann nur ein Psychologe stellen. Allerdings kann die Lese- und Rechtschreibschwäche unterschiedliche Ursachen haben. Zum einen kann eine Verarbeitungsstörung von visuellen Reizen vorliegen. Die Kinder verzweifeln, weil sie zum Beispiel ein »b« nicht von einem »d« unterscheiden können. Ihr Gedächtnis kann sich das Abbild der Buchstaben nicht merken, was nicht nur beim Schreiben, sondern vor allem auch beim Lesen zu großen Problemen führt. Die zweite Ursache für Legasthenie liegt darin, Sprachlaute nicht entsprechend zuordnen zu können. Obwohl die gleichen Fehler auftreten, liegen ihnen andere Ursachen zugrunde, und auch die Abläufe im Gehirn sind ganz unterschiedlich. Deshalb bedarf es unterschiedlicher Therapien. Eine Gruppe von Legasthenikern wird darin geschult, Wörter und Buchstaben visuell erfassen zu können. Bei der anderen Gruppe versucht man die Hörfähigkeit und das phonologische Bewusstsein zu schärfen. Denn bei ihnen arbeitet der akustische Sinn zu langsam. Normalerweise braucht unser schnellster Sinn etwa zwanzig Millisekunden, um zwischen einem d oder t zu unterscheiden oder zwischen b und p. Diese Kinder aber haben ein Problem auf einer sehr frühen Stufe der akustischen Verarbeitung, und können nicht so schnell zwischen diesen Konsonanten unterscheiden wie es nötig wäre. Deshalb klingen Laute für sie gleich und erschweren den Spracherwerb.

Häufig wird diese Lernbehinderung spät erkannt, weil viele Lehrer für den Umgang mit Legasthenikern nicht geschult sind. Außerdem wird eine eindeutige Diagnose oft deshalb erschwert, weil eine Allgemeine Aufmerksamkeitsdefizit-(Hyperaktivitäts-)Störung (ADS/ADHS) dazukommt. Die Kinder durchlaufen einen schulischen Leidensweg und schaffen selten eine akademische Ausbildung. Sie werden als dumm und faul angesehen, dabei hat ihre Lernbehinderung mit Intelligenzmangel nichts zu tun. Legastheniker können sogar einen überdurchschnittlichen IQ haben. Kurioserweise sollen Albert Einstein und Johannes Gutenberg, der Erfinder der Buchdruckkunst, Legastheniker gewesen sein. Weil Legastheniker trotz ihrer normalen Intelligenz im normalen Schulbetrieb benachteiligt sind, fordern Elternvereine bundesweit Sonderrechte für Legastheniker, wie zum Beispiel Zeitzuschläge bei Klausuren oder das Ignorieren von Rechtschreibfehlern in schriftlichen Arbeiten.

Obwohl die Kinder ihr Leben lang Legastheniker bleiben, sind professionelle Therapien sehr erfolgreich. Voraussetzung dafür ist das rechtzeitige Erkennen, möglichst noch vor der Einschulung. Hinweise geben bundesweite Legastheniezentren, die pädagogische Therapien anbieten wie der »Kieler Leseaufbau« oder das »Marburger Rechtschreibtraining«.

www.legasthenie.net

Aufmerksamkeitsstörungen

Der »Zappelphilipp« umschreibt das häufigste psychische Krankheitsbild im Kindesalter, das sogenannte Aufmerksamkeitsdefizit-Hyperaktivitäts-Syndrom (ADHS). Betroffene Kinder flippen oft aus, können sich nicht konzentrieren und stören den Unterricht. Legt man das europäische Diagnosesystem zugrunde, dann leiden bei uns etwa zwei Prozent der Kinder, vor allem Jungen, an dieser Störung. Depressionen und Ängste sind nicht selten Begleiter dieses Krankheitsbildes. Auffällig ist, dass die Zahl der Betroffenen offenbar steigt. Mediziner und Psychologen machen die Veränderung in der Lebenswelt der Kinder dafür verantwortlich. Früher und intensiver Fernsehkonsum, Computerspiele, Ernährungsfehler und Bewegungsmangel sind die am häufigsten genannten Faktoren, die ADHS fördern können. Vererbung spielt zwar eine große Rolle, doch muss nicht jedes genetisch belastete Kind auch tatsächlich ADHS entwickeln. Ausschlaggebend dürften hier vor allem die Lebensumstände des Kindes sein.

ADHS-Kinder haben oft Probleme in der Schule, weil sie sich schnell ablenken lassen. Ihre Unfähigkeit, sich konzentrieren zu können, führt dazu, dass sie sich den Lernstoff nicht ordentlich erarbeiten können. Infolgedessen bleiben Lerninhalte auch nicht im Gedächtnis hängen und können keine effizienten Strukturen bilden. Schneller Frust, Zorn, Ärger mit Lehrern und Eltern lässt die Kinder in einem Teufelskreis »flippen«, der für alle Beteiligten oft schwer erträglich ist. Sind Kinder erst einmal Klassenletzte und von Freunden verlassen, fallen sie in allen Leistungsbereichen des Lebens deutlich zurück. Während man in Amerika fast neunzig Prozent dieser Kinder medikamentös behandelt, ist man in Deutschland mit rund dreißig Prozent zurückhaltender. Das älteste Medikament ist hier Ritalin mit dem Wirkstoff Methylphenidat. Es hilft, die Symptome zu reduzieren, kann aber auch zu Nebenwirkungen wie Appetitlosigkeit und Wachstumsstörungen führen. Neuere Medikamente wie Strattera mit dem Wirkstoff Atomoxetin sind ebenfalls zu überlegen. Der Kölner Psychologe Manfred Döpfner, Mitverfasser der Nationalen Behandlungsleitlinien, spricht sich für Verhaltenstherapien aus, die auch im Elternhaus konsequent mitverfolgt werden sollten. Klare Richtlinien, Absprachen in der Erziehung, Verständnis und Ruhe können bei vielen Kindern gute Erfolge erzielen.

Nach neuesten amerikanischen und kanadischen Studien entwickelt sich das Gehirn von ADHS-Kindern zwar normal, aber zeitverzögert: Bestimmte Hirnregionen reifen demnach drei bis fünf Jahre später als bei verhaltensunauffälligen Kindern. Die einzige Hirnregion, die bei der ADHS-Gruppe früher reifte als bei der Vergleichsgruppe, war das Bewegungszentrum. Ausgerechnet die Kontrollzentren im Gehirn hinkten der frühreifen motorischen Reifung hinterher. Das erklärt nicht nur, warum ADHS-Kinder sich körperlich so schwer beherrschen können. Die besonders stark ausgeprägte Verzögerung bei der Reifung des präfrontalen Cortex verlangsamt auch die intellektuellen Fähigkeiten. In dieser Managementzentrale nämlich laufen die Fäden des Gehirns zusammen. Hier hinter der Denkerstirn werden komplexe Aufgaben gelöst und Zusammenhänge strukturiert. Dieser Hirnteil ist dafür zuständig, flexibel auf geänderte Anforderungen zu reagieren, und Gedanken und Handeln zusammenhängend zu organisieren. Genau das fällt ADHS-Kindern wesentlich schwerer als anderen Kindern.

Eltern als Coach für ihre Kinder

Es ist gar keine Frage: Schule ist anstrengend. Das wird sich nicht ändern. Schule muss auch anstrengend sein, in dem Sinne, dass Schüler sich anstrengen müssen, um zu lernen. Eines darf Schule aber nicht sein: eine Qual. Wenn Kinder und Jugendliche sich nur in die Schule schleppen, weil sie müssen, läuft etwas grundsätzlich falsch. Hier müssen Eltern handeln. Bildung soll anregen, bestätigen, Fragen aufwerfen und Austausch ermöglichen. Wenn Ihr Kind wiederholt Probleme in der Schule hat und sogar häufig über psychosomatische Erkrankungen wie Bauchweh, Kopfweh oder Übelkeit klagt, muss die Ursache gesucht werden. Kinder, die sich innerlich von der Schule abwenden und unter negativem Stress leiden, können schlecht lernen. Häufig liegen die Probleme in der Lehrer-Schüler-Beziehung. Ist die schlecht, passen Schüler im Unterricht nicht mehr auf oder stören provokativ. Die Folgen liegen auf der Hand: Informationsdefizite führen zu schlechten Noten, der Stress steigt, und der Ärger zu Hause lässt nicht lang auf sich warten.

Wenn Probleme manifest werden, müssen sich Eltern mit den Lehrern auseinandersetzen, die Ursachen benennen und versuchen, gemeinsam mit dem Schüler eine Lösung zu finden. Funktioniert das trotz vieler Anstrengungen nicht, sollten sich Eltern ernsthaft überlegen, ob sie ihr Kind entweder eine Klasse wiederholen lassen oder sogar die Schule wechseln. Vor derartigen Entschlüssen schrecken viele Eltern zurück, weil sie diesen Akt selbst scheuen oder als Niederlage für ihr Kind empfinden. Dementsprechend haben auch Kinder Ängste, als Verlierer dazustehen, sowohl was ihre Leistungen als auch ihre Freunde angeht.

Es zeigt sich aber oft, dass sich durch gemeinsames Entscheiden mit den Kindern für eine neue Lernsituation der Knoten löst, und die Schüler wieder eine neue Perspektive erkennen können. Die Frage ist, ob es wirklich ratsam sein kann, ein Kind mit Schulängsten dazu anzuhalten, sich trotz widriger Umstände »einfach durchzukämpfen«. Die Schule ist ein wesentlicher Wegbereiter für die Kinder in ihre Zukunft. Ihr Kind sollte seine Hochs und Tiefs mit einer gesunden Konstitution meistern können. Gleichzeitig muss den Schülern klar sein, dass die Schule keine Boutique ist, die Bildung wie ein fertiges Maßkleid anbietet, in das man nur hineinschlüpfen muss. Die Schule kann nur die Materialien zur Verfügung stellen, Entwürfe vorschlagen, Anleitungen und Hilfestellungen geben und – so sollte es sein! – Mut machen. Die Schüler müssen sich ihr Bildungskleid selbst schneidern. Das kann ihnen niemand fix und fertig umhängen.

Tipp: Nehmen Sie sich an einem Wochenende Zeit und schreiben Sie zusammen mit Ihrem Kind auf einem großen Blatt auf, was in seiner Schule gut klappt, was stört, welche Lehrer für ihr Kind gut sind und mit welchen es warum Probleme hat. Versuchen Sie ein klares und realistisches Bild von der Schulsituation Ihres Kindes zu bekommen.

Zu Hause Balance finden

Schüler haben ein Arbeitspensum, das inzwischen fast Erwachsenenniveau erreicht. Elfjährige klagen über zehnstündige tägliche Lernmarathons und schleppen Schulranzen von neun Kilogramm von einem Schreibtisch zum anderen. Elternvereinigungen fordern wieder mehr Zeit für Sport und Spiel. Und Kinderärzte halten ihre Praxis für die »Reparaturwerkstatt einer krankmachenden Schule«. Umso mehr brauchen Schüler ein Zuhause, in dem sie mit ihren

Fragen und Problemen landen können. Gerade Kinder mit Leistungsschwächen benötigen ein Netzwerk, das funktioniert. Dazu muss jede Familie Strukturen finden, die Zeitfenster für Schulaufgaben, Hobbys, Nachhilfe und Freunde schaffen. Kinder brauchen Strukturen und sie verlangen sogar danach, auch wenn Widerwillen und Ungehorsam oft das Gegenteil vermuten lassen. Vertrauen und Liebe sind die Basis, auf der das Meisterwerk gelingt.

Die wichtigsten Punkte für ein hilfreiches Zuhause:

- Kein Kind schreibt mit Absicht schlechte Arbeiten. Stress und Bestrafungen für schlechte Noten sind kontraproduktiv und blockieren das Lernen (siehe S. 53 ff.). Eltern und Kind müssen gemeinsam auf die Fehlersuche gehen und einen Plan für zukünftig bessere Arbeiten aufstellen.
- Warten Sie nicht zu lang, um Wissenslücken zu schließen. Nachhilfelehrer sollten gezielt für ein, maximal zwei Fächer eingesetzt werden, aber keine Dauereinrichtung werden.
- Zwei bis drei Stunden täglich für die Erledigung von Schulaufgaben halten Erziehungswissenschaftler während der Gymnasialzeit grundsätzlich für ausreichend. Anstehende Klassenarbeiten können wenige Tage zuvor ein wenig mehr Zeit in Anspruch nehmen. Übersteigt das Aufgabenkontingent permanent den Zeitrahmen, klären Sie das Problem im Elternverband und mit dem Lehrer.
- Loben Sie auch kleine Erfolge Ihres Kindes und freuen Sie sich mit ihm.
- Bis zur fünften Klasse brauchen Schüler ihre Eltern relativ häufig bei ihren Schulaufgaben. Ab der sechsten Klasse lernen Schüler zunehmend selbstständig.
- Sprechen Sie mit Ihrem Kind regelmäßige Lernzeiten ab. Jedes Kind braucht seinen eigenen Rhythmus. Achten Sie dann konsequent darauf, dass das Kind seine eigene Einteilung auch einhält.

- Hobbys und Freunde dürfen nicht zu kurz kommen! In keinem Fall sollten alle Freizeitaktivitäten zugunsten des Lernens aufgehoben werden.

Tipp: Hilfreich ist, individuell herauszufinden, wann ein Kind gelassen, wann gestresst, wann motiviert oder wann besonders belastet ist. Vorschläge für einen intelligenten Stundenplan kann man unter www.focus-schule.de herunterladen.

Motivation und persönliche Hilfe

Motiviert ist man immer dann, wenn etwas klappt. Das Phänomen kennt jeder. Und auch die Kognitionswissenschaftler können durch das körpereigene Belohnungssystem erklären, warum Erfolg zum Lernen anreizt (siehe S. 48 ff.). Problematisch wird es, wenn der Erfolg ausbleibt. Selbstbewusste und sonst erfolgsverwöhnte Schüler stellen sich in der Regel auf die Hinterbeine. Ihre Motivation besteht darin, den negativen Leistungsnachweis mit einer guten Note wieder auszugleichen. Der innere Antrieb (intrinsische Motivation) ist einer der stärksten Kräfte des Menschen. Mit ihm schaffen ehrgeizige und beharrliche Menschen Marathonläufe, Gedächtnisrekorde und weltbewegende Erfindungen.

Bei jenen Schülern allerdings, die häufig schlechte Noten nach Hause bringen, sinken gleichermaßen der Ehrgeiz und die Motivation. Die Motivationslosigkeit ist vor allem damit zu erklären, dass ihr Selbstvertrauen im Keller ist. »Ich schaff das ja eh nicht. Warum soll ich mich dann so anstrengen?« – jedes Handeln impliziert bereits die Erwartungshaltung. Ohne Motivation entsteht keine Aufmerksamkeit, erst recht keine Konzentration und auch kein leistungsfähiges Behalten. Lernen ist aber nur in dieser Dreieinigkeit möglich.

Damit Schüler aus ihrem Motivationstief herauskommen,

brauchen sie Hilfe von Personen, die ihnen etwas bedeuten: Eltern, Freunde oder Verwandte. Grundsätzlich haben Kinder eine permanente Neugier und wollen die Welt erforschen. Der Hirnforscher Manfred Spitzer antwortete auf die Frage, wie man einen Menschen am besten zum Lernen motivieren könne: »Die Frage ist genauso sinnvoll wie die Frage ›Wie erzeuge ich Hunger?‹« Menschen können weder ohne kalorienhaltige noch ohne geistige Nahrung leben. Sie lernen immer, sogar wenn sie es nicht merken. Bei Kleinkindern kann man den Forscherdrang mit Staunen beobachten. Sie lernen so unbeschwert, »weil wir noch keine Chance hatten, es ihnen abzugewöhnen«, erklärt Spitzer. Bei vielen Kindern geht der Lerneifer ab der zweiten oder dritten Grundschulklasse verloren. Unter den 13-Jährigen gehen – je nach Umfrage – maximal ein Viertel der deutschen Schüler gern zur Schule. Gründe lassen sich viele finden: Der zunehmende Druck für gute Noten, Pubertätsprobleme, schlechte Pädagogen, die Schwächen nicht mit Hilfestellungen begegnen, sondern mit Ungerechtigkeiten, Schikane oder abfälligen Bemerkungen. Mobbing der Mitschüler kann Kinder in Schulverweigerung führen. Außerschulische Erfahrungen wie die Scheidung der Eltern, Krankheit oder vernachlässigte Fürsorge katapultieren Kinder in eine Lernkrise. Schule wird dann als lästig empfunden, weil sie überfordert und durch Misserfolge bestraft.

Ist Schule erst einmal mit negativen Gefühlen gekoppelt, brauchen Schüler vor allem Unterstützung aus der Familie. Deshalb sollten Eltern auch ihr eigenes Verhalten auf den Prüfstand stellen. Beruflicher Stress, Zeitmangel und Haushaltsorganisation sägen an den Nerven der Erwachsenen. Trotzdem haben Kinder das Recht auf die Unterstützung ihrer Erzieher. Geplagte Eltern müssen dabei erst einmal lernen, wie man mit den Beurteilungen familienfremder Personen für ihr Kind umgeht. Während der Schulzeit entscheiden sich zukünftige Lebenswege. Jetzt lernen Kinder, was ihnen nutzt, was sie nicht weiterbringt, worin sie bestätigt werden und wobei sie sich am besten fühlen. Nicht das gesellschaftliche Bewertungssystem entscheidet ihren Einsatz. Das *eigene* Bewertungssystem ihres Gehirns lässt sie handeln. Und äußert sich das Bewertungssystem eines Schülers darin, dass er teilnahmslos auf der Bank lümmelt, dann muss man klären, warum ihn das Schulgeschehen nicht interessiert.

Kinder zum Lernen zu zwingen, bringt aus genannten Gründen relativ wenig. Gleichzeitig zeigt sich, dass man mit kurzfristigen Anreizen und Belohnungen auch keine bahnbrechende Verhaltensänderung bei faulen Schülern erreicht. Die Freude über einen Euro für das Lesen eines Aufsatzes oder über eine CD für eine bessere Note ist schnell verflogen. Außerdem müssen sich Eltern dabei schon die Frage stellen, welches Wertesystem sie mit rein materiellen Belohnungen für gute Schulleistungen aufbauen. Wie nachhaltige Motivation von innen funktioniert, können Erwachsene schnell bemessen, wenn sie an ihre eigene Motivierbarkeit im Berufsalltag denken. Die Gehaltserhöhung ist ein Grund zum Feiern, verliert aber mit der Zeit an unmittelbarer Bedeutung für das tägliche Engagement. Was sie am Arbeitsplatz – neben dem Arbeitslohn – antreibt, ist die soziale Anerkennung ihrer Leistung, auf die sie stolz sein können. »Wir brauchen Vorgesetzte, denen es ein Herzensanliegen ist, dass ihre Mitarbeiter gern arbeiten, die sie wertschätzen und ihnen Vertrauen schenken«, erklärte der Neurobiologe Gerald Hüther auf einer Vortragsreise durch Europa vor Führungskräften.

Die Forderung des Grundlagenforschers ist eins zu eins übertragbar auf das Verhältnis von Eltern zu Kindern, genauso wie auf das von Lehrern zu Schülern. Hüther, dessen Schwerpunkt der Einfluss psychosozialer Faktoren auf die Hirnentwicklung ist, hat die Auswirkungen von Angst und Stress sowie die Bedeutung emotionaler Bindungen immer wieder auch für die Erlebniswelt der Kinder deutlich gemacht. Eltern sollte es ein Anliegen sein, dass ihre Kinder gern und stressarm lernen, sie sollten ihnen Vertrauen schenken und auch kleine Leistungen wertschätzen. Dabei ist es eine Selbstverständlichkeit, Kinder immer wieder zu loben und Bestätigungen auszusprechen.

Damit Motivationslosigkeit erst gar nicht entsteht oder nur eine vorübergehende Angelegenheit ist, bleibt Eltern nichts anderes übrig, als die Familiensituation insgesamt ins Visier zu nehmen, und das Schulgeschehen genauer zu beobachten als nur das Leistungsgerippe einer Note wahrzunehmen. Motivation zum Lernen entsteht ebenso durch Erlebnisse wie Reisen, Zoo- oder Museumsbesuche, die außerhalb der Schule stattfinden und der Startschuss für Interessen sein können, die auch in der Schule behandelt werden. Lernen ist für das Gehirn kontextabhängig, das heißt Lernen funktioniert über Assoziationen und Gefühle (siehe auch S. 53 ff.).

So unterstützen Sie die Motivationsfähigkeit Ihres Kindes:

- Erhalten Sie die Nähe und den Austausch mit Ihrem Kind, auch wenn der Alltag von Schule und Arbeitsplatz dominiert wird. Erzählen Sie in der Familie, was Sie tagsüber erlebt haben, und interessieren Sie sich glaubhaft für die Ereignisse in der Schule und Freizeit.
- Das gilt verstärkt für Pubertierende, die auf Gemeinschaftsaktionen mit der Familie naturgemäß wenig Lust haben. Mit Interesse und Einfühlungsvermögen erkennen Sie frühzeitig, was Ihr Kind bewegt – oder eben lahmlegt.
- Überprüfen Sie Ihre »Ansagen« und machen Sie sich Ihre eigene geheime Statistik: Wie oft sprechen Sie Vorwürfe aus wie »Du hast ja immer noch nicht Mathe gemacht!« oder »Du wolltest doch aufräumen!«. Wer nach dem Job nach Hause kommt, will einfach, dass die Dinge erledigt sind. Dabei reduziert sich das Miteinander oft auf Vorwürfe und Forderungen. Jüngere Kinder schalten dann irgend-

wann ihre Ohren »auf Durchzug«. Und Pubertierende, die durch ihre hormonelle Entwicklung ohnehin an sich selbst zweifeln und nach Bestätigung lechzen, extrahieren nur die Meldung: »Was du machst, ist schlecht.« Versuchen Sie bewusst, erst einmal die positiven Dinge des Tages zu sehen und zu loben! Auf Nachlässigkeiten kann man bestimmt *und* freundlich aufmerksam machen.

- Vermeiden Sie unbedingt Negativurteile und Projektionen wie »Ich konnte mir eh nicht vorstellen, dass du das schaffst« oder ein abfälliges »Der kapiert das sowieso nicht«. Solche Bemerkungen sind Gift für Kinder, in besonderem Maße für unsichere und unmotivierte. Die Vorstellung, Kinder mit solchen Sprüchen zum Gegenteil zu provozieren, muss scheitern. Die Kinder sind gekränkt, und die Vorhersagen werden bestätigt.
- Zu Hause gilt: Alle Fragen sind erlaubt! Häufige Antworten wie: »Das solltest du aber wirklich selber wissen« demotivieren.
- Stärken Sie Interessensgebiete außerhalb der Schule wie Musik, Tanz, Gemeinschaftssport, Malen, naturwissenschaftliche Hobbys oder Astronomie. Wer sich über Erfolgserlebnisse auf einem Gebiet freut, bekommt auch Mut für Problemfächer.
- Versuchen Sie nicht, aus Ihrem Kind eine andere Persönlichkeit zu machen. Selbst Geschwisterkinder sind höchst unterschiedlich. Respektieren Sie die Eigenheiten eines Kindes, und beurteilen Sie sein Handeln und seinen Erfolg nicht in Abhängigkeit von den Leistungen seiner Geschwister oder Freunde.

Tipp: Viele weitere, ausführliche und erfahrene Ratschläge zum Thema Motivation finden Sie im FOCUS-SCHULE-Buch von Ischta Lehmann: ›Motivation. Wie Eltern ihr Kind unterstützen können.‹

Durch Konzentration in den großen Speicher

Will der Mensch etwas wissen, dann konzentriert er sich darauf, die Lösung zu suchen. Er schaltet alles, was ihn von des Rätsels Lösung abhalten könnte, aus und entwickelt sozusagen einen Tunnelblick, um zu seinem Ziel zu kommen. Wer sich gut konzentrieren kann, kommt schneller zum Ziel als jener, den Außenreize ständig ablenken. Beim Lernen muss ein Schüler seine gesammelte Aufmerksamkeit auf einen neuen Sachverhalt lenken, ihn mit bekanntem Wissen abgleichen und verstehen. Dann erhält der neue Wissensinhalt in einem Zwischenspeicher Asyl, bevor er durch wiederholte Bearbeitung im Langzeitgedächtnis an verschiedenen Orten seine lebenslange Aufenthaltserlaubnis erhält. Die Konzentration steht also ganz am Anfang der Reise ins Gedächtnis.

Eltern können aus dem Stegreif viele Gründe nennen, warum ihr Kind sich möglicherweise nicht konzentrieren kann. Schlafmangel ist ein häufiger Grund, Überreizung durch zu hohen Fernsehkonsum, keine Zeit für ein Frühstück, Nervosität oder die Lautstärke in der Klasse. Konzentrationsfähigkeit ist nicht angeboren, sondern muss erlernt werden! In der Grundschule können Kinder sich nur wenige Minuten auf einen einzigen Sachverhalt konzentrieren und brauchen noch häufiger Pausen. Ab dem elften Lebensjahr etwa lernt das Kind, seine Aufmerksamkeit stärker zu fokussieren und kann irrelevante Informationen immer besser ausblenden. Ältere Schüler können sich bereits 90 Minuten auf ein Thema konzentrieren.

Die Arbeitssituation bei Hausaufgaben ist relevant, wenn es darum geht, dass ein Schüler effizient lernt. Läuft nebenher das Fernsehprogramm oder eine Unterhaltung, wird das Kind abgelenkt und kann den neuen Sachverhalt nicht tief genug verarbeiten, um ihn gründlich zu verstehen und zu lernen. »Multitasking« ist das Zauberwort der jungen Generation, die gelernt hat, im Web zu surfen, nebenher Post-Punk-Rock dröhnen zu lassen, Chips zu essen und vielleicht noch schnell ein Handygespräch zu erledigen. Erwachsene, die vor ihren Kindern mit den jungen frischen Hirnzellen kapitulieren, weil die ihnen weismachen wollen, dass sie all das zum Lernen sogar brauchen, sei gesagt: Das funktioniert nicht wirklich! Auch wenn die »Arctic Monkeys« noch so intellektuell rocken, es kann immer nur *ein* Sachverhalt zu einem bestimmten Zeitpunkt im Mittelpunkt des Bewusstseins stehen.

»Das eigentliche, ›präemptive‹ Multitasking, dass ich gleichzeitig zwei oder drei verschiedene Dinge mit gleicher Konzentration tue, ist für das Gehirn nicht möglich«, versichert der Münchner Hirnforscher Ernst Pöppel. Zwar könne man gleichzeitig den Fokus der Aufmerksamkeit auf einem Sachverhalt halten und im Hintergrund mit gleitender Aufmerksamkeit etwas anderes mitverfolgen, wie man das beim Autofahren mache, räumt Pöppel ein. Aber die zeitgleiche Konzentration auf zwei Sachverhalte ist unmöglich. »Was dann geschieht, ist eher etwas Negatives«, warnt Pöppel, »ich schalte sehr schnell zwischen verschiedenen Kontexten hin und her, konzentriere mich also drei Sekunden lang auf einen Sprachfetzen, drei Sekunden auf das Fernsehen, drei auf den Computer. Das kann ich endogen tatsächlich steuern. Aber der Effekt ist, dass es zu einer Art schizoidem Denken kommt, mit dem nichts mehr verbunden ist.« Beim Lernen aber geht es darum, Zusammenhänge zu finden, Verbindungen zu bereits Gelerntem aufzunehmen und die Informationen tief und nachhaltig zu verarbeiten. Das Gehirn ist also konservativer als »moderne Eltern« annehmen könnten.

Dass sich das Gehirn an seinen Grundfesten orientiert, liegt an seiner ökonomischen Arbeitsweise. Es will nicht alle Augenblicke die Welt neu entdecken. Pöppel, der als Zeitexperte unter den Neurowissenschaftlern die Informationsverarbeitung im Gehirn erforscht, befasst sich mit dem Drei-Sekunden-Rhythmus, in dem der Kontakt mit der Welt um uns herum und in uns gegliedert ist. Das Gehirn kann demnach nur drei Sekunden lang einen Sachverhalt festhalten, danach will das Gehirn wissen: »Was gibt es Neues?« Ebenso arbeitet das Arbeitsgedächtnis im Drei-Sekunden-Takt. Dieses braucht höchste Konzentration, um Neues lernen und Probleme kreativ lösen zu können. Im Arbeitsspeicher des Gedächtnisses nämlich kann man für den Fall einer Unterbrechung nichts länger als drei Sekunden festhalten und muss dann seinen Gedankengang neu beginnen. Der Frust, den Gedanken schon wieder »verloren« zu haben, nervt ungeduldige und aufmerksamkeitsgestörte Schüler. »Wie war das eben noch mal?« oder »Verdammt, ich hatte es doch eben!« lässt sie dann wieder in den Hirnwindungen suchen. Im schlimmsten Fall werfen sie die Flinte ins Korn.

Aber Gott sei Dank ist das ökonomische Gehirn geduldig. Es mag es sogar besonders, wenn man Gedanken noch einmal konzentriert auf der Werkbank des Arbeitsgedächtnisses hin und her schiebt. Das Gehirn verarbeitet neue Sachverhalte wie Plastilin. Es holt sich Zusatzmaterialien aus den Langzeitspeichern dazu. Dann schaut es, ob das alte Material mit dem frischen Stoff zusammenpasst. Wenn ja, schmelzen die beiden Stoffe auf der Werkbank wunderbar zusammen. Wenn nicht, muss das neue Material noch einmal bearbeitet werden. Vielleicht muss man es auch erst mal auf die Seite schieben, weil so recht gar nichts zusammengehen will. Dann fragt sich das Gehirn, ob nicht noch eine weitere Information, die neu besorgt werden muss, helfen könnte, um das Alte mit dem Neuen zu verbinden. Vielleicht ist es auch notwendig, das Alte ein wenig nachzubessern. Schlussendlich liegt ein schönes kompaktes Wissenspaket auf der Bank und kann an das Langzeitgedächtnis geliefert werden.

Optimale Voraussetzungen für eine gute Konzentration sind:

- Besprechen Sie mögliche Sorgen mit Ihrem Kind. Probleme mit Lehrern oder Freunden verringern die Aufmerksamkeit auf den Lernstoff. Sie verderben die Lernmotivation und lenken innerlich ständig ab.
- Sorgen Sie für regelmäßiges Essen und ausreichenden Schlaf.
- Kinder vergessen oft, ausreichend zu trinken, was nachweislich zu Konzentrationsstörungen führt. Zwei Liter Flüssigkeit am Tag, am besten Mineralwasser, sind ideal für Körper und Geist. Tipps unter: www.trinken-im-unterricht.de
- Ablenkungen wie Musik, Fernseher oder Aktivitäten anderer Familienmitglieder in unmittelbarer Nähe müssen abgestellt werden.
- Ist Ihr Kind von der Schule besonders erschöpft, braucht es eine Auszeit, um sich erneut konzentrieren zu können. Frische Luft, ein Gespräch oder einfach nur pures Ausruhen lassen Kinder relativ schnell wieder regenerieren.
- Zwischen den einzelnen Lerninhalten sollten zehn Minuten Pause gemacht werden, damit das gerade Gelernte sich setzen und das Kind sich wieder sammeln kann.
- Lesen fördert die Konzentrationsfähigkeit von allen Tätigkeiten am besten!

Tipp: Ausführliche Ratschläge zum Thema Konzentration finden Sie im FOCUS-SCHULE-Buch von Petra Thorbrietz: ›Konzentration. Wie Eltern ihr Kind unterstützen können.‹

Äußere Ordnung bringt innere Ordnung

Es gibt Kinder, die sind von klein auf ordentlicher als ihre Eltern ihnen das vielleicht vorleben. Sie nutzen ihre Schubladen und Regale mit System für ihre Lieblingsspielsachen.

Und wenn die Eltern das kreative Chaos eines Kinderzimmers aufräumen helfen, was nach einer Phase der Unordnung wieder einen klaren Überblick ermöglicht, dann fühlen Kinder sich darin besonders wohl. Äußere Ordnung, Klarheit und Übersicht ermöglichen Kindern auch eine innere Ordnung und Sicherheit. Schüler brauchen zu Hause einen organisierten Arbeitsbereich zum Lernen. Damit ist keine pedantische Schreibtischplatte gemeint, auf der Lineal, Stifte und Papier im rechtwinkligen Dreieck zueinander liegen, wie das bei erwachsenen Ordnungsfanatikern zu beobachten ist. Ein organisierter Arbeitsbereich erzieht zur Selbstständigkeit und Eigenverantwortung, auf die Kinder stolz sind. Außerdem ersparen sich Kinder, die ein Ordnungssystem nutzen können, häufige Rügen und leidige Erinnerungen der Eltern wie »Vergiss nicht schon wieder dein Heft mitzunehmen!«.

Ordnung zum Lernen bedeutet:

- Jedes Kind braucht einen eigenen konstanten Arbeitsplatz mit einem kindgerechten Stuhl.
- Achten Sie auf gute Lichtverhältnisse während der Hausaufgaben. Helle Köpfe brauchen viel Licht!
- Was der Stundenplan in der Schule ist, ist der individuelle Terminkalender für Ihr Kind zu Hause. Eine gute Übersicht bieten Halbjahresplaner, die man wie ein Poster montieren kann. Sie erleichtern das Gedächtnis und geben allein optisch eine Orientierung. Darin stehen Schulprojekte, Klassenarbeiten, Referatstermine, Ferien, Geburtstage der Freunde, Nachhilfestunden, Termine für Sport, Musikunterricht, spezielle Übungsstunden. Gestalten Sie mit Ihrem Kind einen kindgerechten Terminkalender mit Farben, Symbolen, Zeichnungen. Kinder können sich so am besten auf Wesentliches vorbereiten, kommen seltener in Verzug und lernen nach und nach, ihre eigenen Aufgaben immer besser einzuteilen. Für Eltern ist so ein Terminkalender

mindestens ebenso hilfreich, denn oft haben Eltern gar keine differenzierte Einsicht in die umfangreichen Arbeitsleistungen ihrer Kinder.

- Klassenarbeiten, Tests und Referate kündigen Lehrer in der Regel langfristig an. Ein Arbeitsplan in Lernetappen portioniert den Prüfungsstoff und gibt Sicherheit. Acht Mal eine Stunde lernen bleibt besser im Gedächtnis als ein mal acht Stunden am Stück. Mindmaps (siehe S. 101) können inhaltlich helfen, Schwerpunkte zu setzen und das dafür notwendige Material gesondert zu sammeln.
- Richten Sie eine Ecke für Nachschlagewerke ein, die rasch bei der Hand sein sollten.
- Hilfreich sind ein Regal oder Schachteln, in denen jeweils die Unterlagen, Hefte oder Bücher für ein Schulfach geschlichtet sind. Die ewige Sucherei nach diversen Unterlagen für den kommenden Schultag könnte dadurch abgeschafft werden. Außerdem vergessen Kinder so seltener, Aufgaben zu erledigen oder Hefte überhaupt mit in die Schule zu nehmen.
- Wenn Mathematikaufgaben erledigt werden müssen, dann sollten auch nur die Matheunterlagen auf dem Schreibtisch liegen. Ein Berg von Büchern und Heften, die noch weitere Arbeit erfordern, demoralisieren und ergeben ein Durcheinander.
- Vokabeln, die ein Kind regelmäßig vergisst, werden auf Karteikarten notiert und öfter wiederholt, am besten indem man kleine Geschichten zu den Wörtern erfindet (siehe folgendes Kapitel).

Tipp: Kinder, die besonders vergesslich sind, brauchen Merklisten oder Zettel. Beispielsweise können sie Notizblätter schreiben wie »Neues Geodreieck besorgen!« und es wie auf eine Wäscheleine an eine gespannte Schnur am Schreibtisch klemmen. Was erledigt ist, wird wieder von der Leine genommen.

Der gute alte Konfuzius wusste: »Sage es mir und ich vergesse es. Zeige es mir und ich erinnere mich. Lass es mich tun und ich behalte es.« Bis wir einen Lernstoff dauerhaft behalten, braucht es Zeit, Übung und Erfahrung. In vielen kleinen Schritten und Wiederholungen gelangen manche Inhalte erst nach Monaten dauerhaft ins Langzeitgedächtnis. Sensationen, persönliche Höchststimmung und Tragödien müssen wir uns nicht lange einprägen. Aber Schulstoff hat nicht diese persönlich bedeutungsvolle Qualität, sondern kommt oft ziemlich trocken daher. Begabte Pädagogen schaffen es, Faktenwissen auf interessante, aktivierende, humorvolle oder überraschende Weise zu vermitteln. Gute Lehrer können sogar bei Schülern, die wenig Talent für zum Beispiel Mathematik haben, gute Leistungen bewirken. Lernexperten wissen, dass die Art und Weise der Lernvermittlung wesentlich ist für das Verständnis eines Stoffes – und auch für die Begeisterungsfähigkeit des Schülers!

Mit allen Sinnen lernen
Der Psychologe und Präsident des Deutschen Lehrerverbandes Josef Kraus hält seinen Lehrerkollegen immer wieder Vorträge über Lehrmethoden. Aus seiner Praxis weiß er, dass Unterricht und Lernen mehrkanalig sein muss und alle Sinne ansprechen soll: »Folgende Anteile des Wahrgenommenen behalten wir im Gedächtnis: 10 Prozent, wenn wir es nur lesen; 20 Prozent, wenn wir es hören; 30 Prozent, wenn wir es sehen; 50 Prozent, wenn wir es hören und sehen; 70 Prozent, wenn wir es selbst sagen; 90 Prozent, wenn wir es selbst tun.«

Ziel ist es, sich ein Bild von einer Sache machen zu können. Wir wissen, dass im Hirn neuronale Netze angelegt werden. Wir denken auch in Strukturen und legen Muster an (siehe S. 42 ff.). Beim Lernen behalten wir selten Einzelheiten, sondern Regeln. Um zu lernen brauchen wir Beispiele und Aspekte von allen Seiten, damit wir die Regel daraus extrahieren können. Haben wir eine Regel auf diese Weise erlernt (und in unserem Hirn damit neuronale Muster angelegt), dann können wir diese Regel auch für neue Aufgabenstellungen immer wieder anwenden und erweitern. Dabei ist es wichtig, mit einfach Verständlichem anzufangen und sich in kleinen Portionen zu komplexeren Stufen vorzuarbeiten.

Ein Beispiel dafür ist das Erlernen von Rechtschreibung. Wenn Grundschüler bei einer Reihe von Wörtern nur entscheiden sollen, ob sie mit Klein- oder Großbuchstaben beginnen, dann merken sie sich davon relativ wenig. Indem sie aber über Worte inhaltlich nachdenken und überlegen, ob ein Hund etwas Lebendiges bezeichnet und eine Gabel etwas Unbelebtes, merken sie sich die Wörter besser. Sie setzen sie zu etwas in Beziehung, stellen Verbindungen her und erinnern besser.

Szenisches Lernen erleichtert das Erinnern

Der Lernexperte Manfred Spitzer favorisiert bei sprödem Schulstoff »szenisches Lernen«. Seine Mitarbeiterin Katrin Vogt bewies in Studien an einem bayerischen Gymnasium, dass Vokabeln viel besser behalten werden, wenn Schüler *aktiv* mit ihnen arbeiten. Zum Beispiel sollten die Vokabeln mit passenden Bewegungen dargestellt werden. Oder Schüler sprachen Wörter im Chor.

Szenisches Lernen wird in der Schule selten eingesetzt, weil es Arbeit bereitet und Zeit kostet. Umso mehr können Sie das zu Hause tun! Zum Beispiel können französische Vokabeln beim Essen geübt werden, indem man die Dinge auf dem Tisch auf Französisch oder Englisch benennt. Oder Sie kaufen mit Ihrem Kind »auf Englisch« ein, was ihm sogar Spaß macht! Stures Pauken von Vokabeln hat zwar auch seinen Erfolg, wenn man sie immer und immer wiederholt. Motivierender ist es für Schüler allerdings, das notwendige

Vokabellernen zu Zeiten und an Orten zu tun, die für das Kind unüblich sind.

Eselsbrücken sind einprägsame Geschichten

Vokabeln, Matheformeln, Chemie- oder Physikgesetze, Namen oder Fachbegriffe – für sich genommen sind sie schlecht zu merken. Vokabeln ausschließlich mit Karteikärtchen zu lernen ist genauso wenig sinnvoll, wie Matheformeln gebetsmühlenartig zu pauken. Meist fallen sie wieder aus dem Speicher, weil sie mit wenig verbunden werden. Alles, was gelernt wird, muss assoziativ gelernt werden. Das ist bereits auf zellulärer Ebene der entscheidende Mechanismus des Lernens. Gedächtnisweltmeister perfektionieren diesen Mechanismus, indem sie assoziativ lernen, das heißt durch kreative Eselsbrücken, kluge Metaphern, lustige Merksprüche oder durch einprägsame Bezüge zum alltäglichen Leben ein inneres Bild oder eine schlüssige Geschichte entstehen lassen, welche(s) besser abgerufen werden kann als einzelne Fakten.

Durch Assoziationen können sich selbst komplizierte und abstrakte Zusammenhänge ins Gedächtnis speichern:

Der Weltmeister im Gedächtnissport siegt mit Konzentration und Phantasie. Um sich die zufällige Abfolge von 1949 Ziffern zu merken, übersetzt er zum Beispiel doppelstellige Ziffern in bestimmte Begriffe. 99 bedeutet »Papa«, 93 transformiert er zu »Baum«. Dann benutzt er die Routenmethode und geht in seinem Kopf bestimmte Wege mit festen Punkten ab. Die dienen dem Gedächtnis als Anker. An den Routenpunkten legt er im Geist die für die Zahlen stehenden Begriffe ab. Wenn er auf einer Gedankenreise nach München zum Stachus kommt, wächst aus dem Springbrunnen eben ein Baum. Der 47-Jährige erzählt die Ziffernabfolge als Bildergeschichte. Tägliche Übung macht ihn sicher. Je häufiger er seine Spuren im Gedächtnis aktiviert, und je mehr Assoziationen er dabei heranzieht, desto fester wird das Netz.

Solche Methoden kann jeder lernen, wie auch Christiane Stenger weiß, die mit 16 Abitur machte und Juniorenweltmeisterin im Gedächtnissport wurde. Die gefürchtete abc-Formel aus dem Matheunterricht

$$x_{1/2} = \frac{-b \pm \sqrt{b^2 - 4ac}}{2a}$$

klingt bei ihr so: »Im Zähler steht ›Minus b‹. Das kann man sich so merken, dass man sich einen Bären vorstellt. Und der läuft rückwärts. Auf einmal fängt er an zu torkeln und läuft vor und zurück: plus und minus. Er stolpert über eine Wurzel, ist total benebelt, sieht alles doppelt: b im Quadrat. Jetzt wird ihm total übel. Er erbricht vier Ananas und Zitronenfrüchte, daraus wird minus 4ac. Er teilt diese Masse – Bruchstrich – und findet noch einmal zwei Ananas, also 2a. Alles klar?«

Christiane Stenger veröffentlichte ihre Tipps zum Gedächtnistraining in ihrem 2007 erschienenen Buch ›Das Gummibärchen im Spinat‹ im Campus Verlag. Unter ihrer Homepage www.christianestenger.de verrät die Gedächtnisweltmeisterin Tipps und Tricks.

Erwachsene mögen Eselsbrücken vielleicht immer noch für ein Hilfsmittel halten, das »den Einfältigen und Trägen zum besseren Verständnis« dienen soll, wie ein altes Herkunftswörterbuch aus dem 18. Jahrhundert weismachen will. Tatsächlich sind Eselsbrücken ein wunderbares pädagogisches Mittel, um Faktenwissen ohne inneren logischen Zusammenhang einzuprägen. Den Schatz von Reimen kann man auf allen Gebieten einsetzen. Das akustische Gedächtnis hilft einem dabei auf die Sprünge. »Nimm diese Regel mit ins Bett – nach ei, au, eu steht nie tz«, wissen ältere Menschen noch heute. Reimen geht auch auf Englisch: »He, she, it – no ›s‹ is shit!« Merksprüche helfen sogar im Universum weiter: Die Reihenfolge der Planeten im Sonnensystem behält man durch »Mein (Merkur) Vater (Venus) erklärt (Erde) mir (Mars) jeden (Jupiter) Sonntag (Saturn) unseren (Uranus) Nachthimmel (Neptun)«. Und im Nachthimmel steckt auch noch »acht« für die Anzahl der Planeten. Kinder behalten eigenkonstruierte Eselsbrücken am besten, denn die machen nichts anderes, als neues Wissen an individuelle Kenntnisse anzudocken.

Aktuell in der Forschung ist die Frage, wie sich die Merkfähigkeit des Arbeitsgedächtnisses verbessern lässt. Schließlich müssen hier neue Informationen im Dreisekundentakt verarbeitet werden (siehe S. 91). Je länger man im Arbeitsspeicher mit neuen Informationen jonglieren und dazu bekanntes Wissen nutzen kann, desto effizienter können komplexe Aufgabenstellungen gelöst werden.

Besonders kurz ist die Merkspanne von Kindern, die unter einer Aufmerksamkeitsdefizit-(Hyperaktivitäts-)Störung leiden. Lerninhalte haben wenige Chancen, überhaupt aufgenommen zu werden, weil einzelne Elemente des Lernstoffs nicht lang genug und gleichzeitig im Arbeitsgedächtnis verarbeitet werden können. Mit einem interessanten Trainingsprogramm zeigte der schwedische Neuroforscher Torkel Klingberg, dass sogar ADHS-Kinder ihre Merkfähigkeit in kurzer Zeit verbessern konnten. Dabei kam den Kindern die mit dem Versuch verbundene Bewegung entgegen. Sie sollten sich täglich 40 Minuten lang Silben und Ziffern merken, die mit bestimmten Möbelstücken in einem Raum verbunden waren (Locimethode). Bereits nach zwanzig Tagen hatte sich die Leistung ihres Arbeitsgedächtnisses deutlich verbessert.

Tipp: Unter folgenden Internetseiten finden Sie Merksprüche und Eselsbrücken:
www.pohlw.de/lernen/kurs/eselsbru.htm
www.spruecheportal.de/eselsbruecken.php

Eine kleine Herausforderung wirkt Wunder

Je mehr Gedächtnisspuren (Engramme) ein junger Mensch zieht, je mehr Hirnstrukturen er anlegt, je breiter sich die Matrix entwickelt, desto mehr Möglichkeiten hat er für weitere Verknüpfungen. Neue Sachverhalte können durch vorhandene Strukturen schneller und effizienter begriffen werden. Und vor allem kann sich Kreativität entwickeln. Um aber tatsächlich mit Ideen jonglieren zu können und kreative Problemlösungen zu schaffen, muss das Gehirn sich selbst ein wenig überwinden. Das Gehirn mag es grundsätzlich nämlich einfach. Es sucht bei Aufgabenstellungen am liebsten nur einen Faktor zur Lösung einer Aufgabe. Das wiederum engt kreatives Denken ein.

Eine spannende Herausforderung für Schüler ist, wenn man sie mit Aufgabenstellungen konfrontiert, die sie nicht auf Anhieb bewältigen können, für deren Lösung sie aber bereits Vorwissen mitbringen. Fehler sind erlaubt und Lehrer dürfen beraten. Auf diese Weise können Schüler ihr bestehendes Wissen am besten erweitern und korrigieren.

Die Psychologin Elsbeth Stern geht noch einen Schritt weiter, um das Kreativitätspotential beständig ein kleines Stückchen mehr aus jungen Menschen jeden Alters herauszulocken. Schüler könnten durchaus von einem »Critical Thinking Program« profitieren, wie es die amerikanische Psychologin Diane Halpern bei Studenten erfolgreich versuchte. Beim Lesen von Texten sollten die Lernenden grafische Veranschaulichungen anfertigen und dabei alternative Interpretationsmöglichkeiten bedenken. Das Suchen nach weiteren Ursachen oder Zusammenhängen verhindert, voreilige Schlüsse zu ziehen. Gleichzeitig steigern Herausforderungen die Kreativität. Alternativen zu suchen und zu erörtern können Eltern mit ihren Kindern auf allen Gebieten und zu jeder Zeit trainieren.

Mindmaps – geniale Gedankenkarten
Eine hervorragende Methode, sich auf eine Prüfung vorzubereiten und dem Gedächtnis kleine Stützen zu bieten, sind Mindmaps. Der britische Psychologe Tony Buzan kam Anfang der 70er-Jahre auf die Idee, »Gedankenkarten« zu Papier zu bringen, um komplexe Themen überschaubar zu machen. Er war der Überzeugung, dass man in unserer Kultur wesentliche Potentiale des Gehirns nicht hinreichend nutzt. Räumliches Vorstellungsvermögen, Kreativität und bildliche Darstellungen werden seiner Meinung nach viel zu wenig gefordert. Lesen und Schreiben sind zwar für Logik und lineares Denken wesentlich. Mindmaps bieten aber Vorteile, von denen Schüler umgehend profitieren. Schon während der Erarbeitung einer Gedankenkarte strukturiert der Schüler ein Sachgebiet; betrachtet er es, prägt sich das Textbild ins Gedächtnis. Selbst nach längerer Zeit kann man sich an Details erinnern. Das gilt vor allem für optische Lerntypen.

Im Zentrum eines Mindmap steht das übergeordnete Thema, dargestellt durch ein umkreistes Schlüsselwort. Davon in Linien abgehend werden sternförmig wichtige Unterthemen positioniert. Die Linien der Unterthemen können dabei farbig gestaltet werden, es dürfen Bildchen geklebt oder Symbole gezeichnet werden. Auf jeder Linie hat nur ein gut überlegtes Schlüsselwort Platz.

Die Unterthemen werden in weitere Verästelungen verzweigt. Jede Linie ist mit einer anderen verbunden und steht nicht allein auf dem Blatt. Dabei ist es wichtig, auf ein klares Bild zu achten und keine Linien zu kreuzen. Eventuelle Bezugspfeile werden grundsätzlich außen herum gezogen und nie quer durch das Mindmap hindurch. Ist eine Reihenfolge der Aspekte wichtig, können diese nummeriert werden.

Vielleicht erstellen sich Eltern zur Übung gleich ein eigenes Mindmap, um sich darüber klarzuwerden, was für ein glückliches gemeinsames Leben der Familie wichtig ist. Sicher ergeben sich bei den einzelnen Familienmitgliedern individuelle Prioritäten.

Tipp: Wie man ein Mindmap erstellt, findet man im Internet unter:
www.zeitzuleben.de/artikel/denken/mindmapping-erstellen.html
www.zmija.de/mindmap.htm

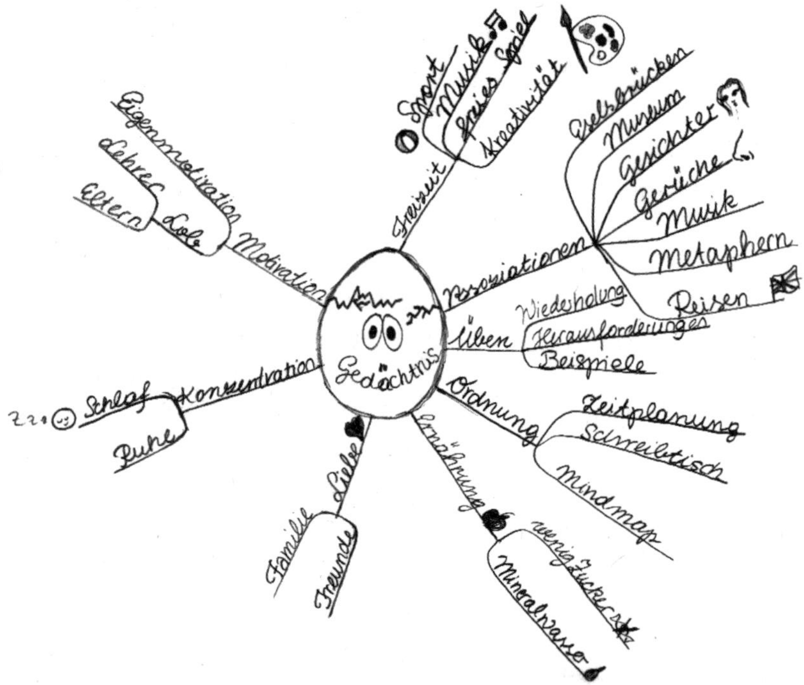

Mindmaps ordnen die Gedanken: Gedankenverbindungen werden in nur einem Schlüsselwort ausgedrückt. In der Blattmitte steht das Zentralwort, nach außen werden Begriffe immer spezifischer.

Lesen schult das Gedächtnis

Schon Dreijährige lieben Verse, Reime und schöne Geschichten. Sie saugen die Sprache auf wie die Muttermilch und spielen mit ihrem Sprachschatz. Kleine Kinder lassen sich beim Vorlesen in den Bann ziehen. Ist das Ritual der Gute-Nacht-Geschichte einmal eingeführt, wollen Kinder nicht mehr auf sie verzichten. Viele Studien weisen einhellig darauf hin, dass regelmäßiges Vorlesen bei Kleinkindern später zu einer höheren Leseleistung in der Schule führt und damit automatisch auch zu weiteren kognitiven Fähigkeiten. Aufmerksame Eltern achten auf eine Lesekultur in der Familie, die den Kindern einen Vorteil in der Schule verschafft. Vorlesen und Lesen fördern das Konzentrationsvermögen, die Lese- und Rechtschreibkompetenz und verbessern viele kognitive Fähigkeiten.

Ein großer Konkurrent der Bücher ist nach wie vor das Fernsehen. Selbst im Kindergartenalter sitzen in Deutschland noch 800 000 Kinder bis 22 Uhr vor dem Bildschirm. 13-Jährige schauen täglich etwa eineinhalb Stunden in die Röhre. Und ab 14 Jahren verdoppelt sich das Fernsehquantum. Der hohe Fernsehkonsum steht nicht nur in der Kritik, weil er dem Bücherlesen die Zeit raubt. Dramatisch zeigt sich die Wirkung des Fernsehens bei kleinen Kindern. Der Gießener Psychologe Marko Ennemoser verfolgte, wie sich die Lesefähigkeit vom letzten Kindergartenjahr bis zur dritten Grundschulklasse entwickelte. Bei einem frühen Fernsehkonsum von zwei und mehr Stunden pro Tag erreichten Drittklässler nur mehr das Leseniveau von Zweitklässlern. Als problematisch erwies sich bei Vorschulkindern und Schulanfängern auch die Tatsache, dass im Fernsehen viele Sendungen synchronisiert werden. Akustische und optische Wahrnehmungen sind für kleine Kinder entkoppelt und können zu Sprachentwicklungsstörungen führen. Der britische Entwicklungspsychologe Harry McGurk untersuchte erstmals 1976 die Wirkung der audiovisuellen Täuschung. Sieht ein Kind auf dem Bildschirm durch den Mund des Sprechers ein »g«, aus dem Lautsprecher kommt aber ein »b«, dann hört es ein »d«.

Der Sprachschatz ergibt sich durch die Lust zum Lesen. Durch regelmäßiges Vorlesen lernen kleine Kinder Bücher lieben. Auch ältere Kinder sollte man immer wieder an das Lesen heranzuführen suchen. Gemeinsame Besuche in einer Buchhandlung oder Bücherei befriedigen Interessen gezielter.

Tipp: Eine reizvolle Geschenkidee für ältere Schüler ist ein eigenes »Konto« bei einer Buchhandlung Ihres Vertrauens. Deponieren Sie dort auf den Namen Ihres Kindes einen bestimmten Betrag. Für Ihr Kind ist der selbstständige Besuch in einer Buchhandlung aufregend – und bildend!

Ausgeschlafene Gedächtnismeister

Ausgeschlafene Schüler lernen besser als unausgeschlafene. Sie können sich besser konzentrieren und sie behalten das Gelernte auch länger im Gedächtnis (siehe S. 38f.). Der Zwischenspeicher Hippocampus will im Schlaf Platz machen für den nächsten Tag und nimmt sich das Gelernte noch einmal vor: Er komprimiert es, zerlegt es, vertieft es und flickt es mit bereits Gelerntem zusammen. Dann legt er es in die verschiedenen Speicher des Langzeitgedächtnisses ab. So landen Vokabeln oder Memorykarten im semantischen Gedächtnis, sportliche Trainingseinheiten im prozeduralen Gedächtnis. Den Ärger mit den Eltern über die schlechte Deutschnote speichert er im episodischen Gedächtnis ab. Und gemeinsam ermöglichen die Gedächtnissysteme eine gute Erinnerung des Erfahrenen. Es sei denn, der Schüler hat zu wenig Schlaf. Kurzer Schlaf macht vergesslich. Langes Fernsehschauen am Abend oder eine unruhige Nacht wegen eines zu üppigen Nachtmahls kann darüber entscheiden, ob sich das Lernen des Vortages gelohnt hat.

Schlafforscher empfehlen Bildungspolitikern immer wieder, den Unterrichtsbeginn an deutschen Schulen von 8 auf 9 Uhr zu verschieben. Das ist bereits in vielen europäischen Ländern der Fall. Studien haben bewiesen, dass typische Langschläfer durch die deutsche Stundenplankultur benachteiligt sind und klassische Frühaufsteher die besseren Noten erhalten. Schülern bleibt hierzulande nichts anderes übrig, als zeitig schlafen zu gehen. Das ist für Kinder bis zur Pubertät auch kein Problem. Vor dem Hormonschub sind Kinder noch begnadete Frühaufsteher. Ab dem zwölften Lebensjahr werden aus den Lerchen Nachteulen. Erst mit dem Erwachsenenalter kristallisiert sich dann heraus, wer ein tatsächlicher Langschläfer ist oder ein typischer Frühaufsteher.

Auch wenn es heißt, dass man Schlaf nicht nachholen kann, so zeigt sich, dass Jugendliche an den Wochenenden besonders lang und viel schlafen. Der »Weekend-oversleep« hat eine erholende Wirkung für Jugendliche und sollte von den Eltern akzeptiert werden. Schließlich, so die Forscher, sammelt sich unter der Woche ein Schlafdefizit von ein bis zwei Stunden pro Tag an. Kurioserweise kommt es nach der Wochenenderholung dann noch einmal zu einem »Tiefschlag«, den Eltern, Lehrer und Schüler an den berüchtigten Montagen erleben. Zwar sind Schüler Sonntagabends entspannt, können aber durch die fehlende Müdigkeit schlechter einschlafen und wachen nachts öfter auf. Der Montagmorgen beginnt dann bereits mit Gähnattacken. Außerdem hat sich das Gehirn auf den Sieben-Tage-Rhythmus des Menschen eingestellt und schüttet justament beim montäglichen Frühstück am meisten Cortisol (ein Stresshormon) aus.

Geübte Lerner haben schnell herausgefunden, dass die Durchsicht eines Lernstoffs kurz vor dem Einschlafen für die

Prüfung am nächsten Tag sehr hilfreich ist. Das Gelernte wird über Nacht noch einmal vertieft und gefestigt. Eine bemerkenswerte Erkenntnis ereilte im Jahr 2007 Lerneifrige. Düfte sollen helfen, Gelerntes im Schlaf zu vertiefen. Was nach einem Tipp aus einem esoterischen Wellnesstempel klingt, kommt tatsächlich aus dem sterilen Milieu eines Kernspintomografen: Der Schlafforscher Jan Born von der Universität Lübeck erbrachte einen weiteren Beweis, dass Lernen im Schlaf funktioniert. Einer Gruppe von Studenten hatte Born während eines nachmittäglichen Memoryspiels eine leichte Brise Rosenduft dargeboten. Die Studenten sollten sich die Position der Memorypaare für den Folgetag merken. Während des Schlafs applizierte er wiederholt den Rosenduft. Eine Vergleichsgruppe erhielt weder beim Spiel noch während des Schlafs diese Geruchsstimulation. Am nächsten Morgen stellte sich heraus, dass die Rosenduftgruppe nahezu alle Karten erinnerte. In der »duftlosen« Gruppe waren es nur 86 Prozent. Sensationell an dem Versuch war die Ursache für die gute Gedächtnisleistung. Der Rosenduft aktivierte während des Tiefschlafes genau jene Neuronenbereiche im Hippocampus, die bereits nachmittags in Verbindung mit dem Duftstimulus gefeuert hatten. Im Schlaf fiel die Aktivierung sogar noch stärker aus als im Wachzustand. Durch den assoziierten Rosenduft hatten die Studenten eindeutig besser gelernt.

Tipp: Lassen Sie es auf einen Versuch ankommen: Während der Hausaufgaben und auf dem Nachttisch hilft vielleicht ein Lavendelsäckchen, um sich am nächsten Tag besser an das Gelernte zu erinnern.

Wer drei Viertel des Tages am Schreibtisch sitzt, braucht ausgleichende Bewegung. Schulsport ist eine Variable und wird bei Terminproblemen als erstes zugunsten anderer Aktivitäten geopfert. Jüngere Schüler kompensieren den schulischen »Bewegungsraub« meist, indem sie sich nachmittags austoben. Pubertierende fallen dagegen häufig in körperliche Faulheit und Schwere, aus denen regelmäßiger Schulsport sie leicht herausholen könnte. Bewegungsarmut verursacht nicht nur körperliche Defizite wie Muskelabbau, Übergewicht oder Wirbelsäulenprobleme. Die geistige Fitness leidet mindestens ebenso unter dem Bewegungsmangel. Kinder, die sportlich aktiv sind, versorgen ihr Gehirn mit Sauerstoff, was dazu führt, dass sie ihren Kopf freibekommen, besser gelaunt sind, Stress abbauen und sich besser konzentrieren können. Studien belegen eindeutig, dass diejenigen Schüler, die sich am meisten bewegen, auch die besten Schulnoten haben (siehe S. 62 f.).

In einigen Schulen führen Pädagogen mit Hirnforschern Versuche durch, in denen sich Schüler während des Unterrichts bewegen. Die Ergebnisse sind durchweg positiv! Ein eigenwilliges Projekt läuft zur Zeit an einem Wiener Gymnasium, das bereits nach einem halben Jahr nicht nur überraschend gute Effekte auf die Lernleistung zeigte, sondern sogar mit dem Gesundheitspreis der Stadt Wien ausgezeichnet wurde. Initiiert wurde der für vier Jahre angesetzte Versuch »Bewegtes Lernen« vom Sportlehrer der ersten Gymnasialklasse. Er überzeugte die Mathematiklehrerin zu fünf Ergometern im hinteren Klassenzimmer. Während des Matheunterrichts verbringt jeder Schüler rund zehn Minuten auf dem Rad. Die Mathelehrerin ist so begeistert von den deutlich besseren Leistungen ihrer Zöglinge, dass sie ab und an zur Entspannung selbst in die Pedale tritt.

Einige Schulfächer eignen sich durchaus dazu, während

der Hausaufgaben den Schreibtisch zu verlassen. Das Üben des Einmaleins oder der Vokabeln, das Wiederholen von geschichtlichen Zusammenhängen oder Deutschgrammatik muss nicht unbedingt im Sitzen passieren.

Kinder lieben Musik. Flotte Rhythmen lassen sie umgehend tanzen, ruhige Harmonien besänftigen sie überraschend schnell. Mit dem Musikunterricht verhält es sich aber an deutschen Schulen ähnlich wie mit dem Sportunterricht: Er fällt oft aus. Außerdem wird das Fach Musik häufig trocken und langweilig unterrichtet, wie Schülerumfragen ergaben. Dabei würde tägliches Singen nach Expertenmeinung für eine allgemeine Stimmungsverbesserung an den Schulen sorgen und einen Motivierungsschub zum Lernen auslösen. Notenlernen, aktives Musikausüben und gemeinschaftliches Spielen führt nach neueren Untersuchungen zu Leistungstransfers in anderen Fächern (siehe S. 64 f.).

Tipp: Schenken Sie Ihren Kindern Jonglierbälle. Der Spaß übt nicht nur die Geschicklichkeit, sondern macht die Nervenzellen in beiden Hirnhälften munter. Vielleicht haben Ihre Kinder Lust, mit Musik und Bällen eine Zirkusnummer einzustudieren.

Stressabbau muss sein

Ein klein wenig Stress darf beim Lernen sein. Stress ist sogar ein gutes Konzentrationsmittel, aktivierend und leistungssteigernd. Er hat den Sinn, alle Kräfte zu bündeln und Energie bereitzustellen, um hellwach und reaktionsschnell eine Aufgabe zu bewältigen. Problematisch wird der Stress, wenn er von den Kindern dauerhaft als Belastung empfunden wird und den emotionalen Haushalt ins Ungleichgewicht bringt. Häufig auftretende Anzeichen wie Kopfschmerzen, Unausgeglichenheit, Prüfungsangst, Essstörungen und erhöhte Aggression sind deutliche Warnsignale für eine Überforderung. Ungesund ist Stress dann, wenn das Kind keinen Ausweg aus seiner Situation sieht. Dauerstress und Hoffnungslosigkeit machen Kinderseelen krank und senken die Leistungsfähigkeit des Gedächtnisses deutlich.

Kinder, die nicht lernen, in jungen Jahren – mit Unterstützung der Eltern! – Stress altersgerecht zu bewältigen, werden noch stressempfindlichere Jugendliche und nervenschwache Erwachsene. Es ist nach Ansicht von Kinderpsychologen wichtig, Kindern eine Stresskompetenz beizubringen, das heißt, nicht gleich jede kleine Unannehmlichkeit vom Kind abzuwenden, nicht jede Herausforderung abzunehmen und dem Kind alles bequem und einfach zu richten. Der Umgang mit Stress, Fehlern und Versagen muss genauso gelernt werden wie alles andere auch. Kinder, die mit Überforderung alleingelassen werden, aber auch unterforderte »verwöhnte Prinzen« und »Prinzessinnen« laufen Gefahr, als Jugendliche dem Stress mit Alkohol und Drogen zu begegnen.

Fast jeder Schüler hat vor Klassenarbeiten etwas Lampenfieber. Sogar kurzfristige Überarbeitung wird von Schülern relativ gut weggesteckt. Eine ausgeprägte Prüfungsangst allerdings erzeugt Herzklopfen, Angstschweiß und Denkblockaden. Die Situation der Leistungsüberprüfung an sich führt dazu, dass Kinder ihr tatsächliches Wissen ausgerechnet während einer Klassenarbeit nicht abrufen und unter Beweis stellen können, sich später aber an alles problemlos erinnern. Die Verzweiflung anschließend ist größer als bei jemandem, der sich erst gar nicht ordentlich vorbereitet hat. Prüfungsangst trifft nicht nur Kinder auf niedrigem Leistungsniveau, sondern auch Vorzugsschüler. Gerade Kinder in der Grundschule brauchen die volle Aufmerksamkeit der Eltern, sollten sich die beschriebenen Stresssymptome zeigen.

Haben Kinder viel Stress, so ist es für sie zuallererst wichtig zu wissen, dass sie mit ihren Problemen nicht alleine sind. Oft hilft schon ein klärendes Gespräch mit den Eltern, das den Druck nimmt und eine Perspektive aus einer zuvor ausweglosen Situation aufzeigt. Gleichzeitig ist es notwendig – wie bei Erwachsenen auch! – für den Abbau von Alltagsstress zu sorgen. Sport steht hier an erster Stelle und ist besonders geeignet, weil er je nach Temperament des Kindes so viele Möglichkeiten bietet.

Ist die Prüfungsangst sehr ausgeprägt und besorgniserregend, sollten Eltern für schnelle Abhilfe sorgen. Ein Gespräch mit den Lehrern kann eine Extremsituation entspannen. Schulpsychologen bieten nicht nur Gesprächstherapien, sondern halten auch Kurse in Entspannungstechniken wie Yoga oder autogenes Training. Hier wird Kindern beigebracht, wie sie durch Atemübungen ihre innere Wahrnehmung schärfen und dadurch wieder konzentrierter werden können. Das funktioniert sogar bei hyperaktiven Kindern gut. Solche Kurse werden auch von Volkshochschulen oder anderen Instituten veranstaltet. Erwachsene, die Yoga oder Meditation ausüben, wissen, dass diese Entspannungstechniken nicht nur eine aktuelle Situation lockern, sondern auch zukünftige Stressattacken abwenden können. Das Ziel von Entspannungstechniken ist es, gewohnte – und damit bereits gelernte – Stresssituationen zu entkoppeln oder erst gar nicht zuzulassen. Mit der Zeit erfahren Kinder durch die Übungen, dass der Stress eine beherrschbare Größe sein kann und nicht automatisch handlungsunfähig machen muss. Je früher Kinder lernen, aktiv gegen Stress und Nervosität anzugehen, umso mutiger und selbstbewusster begegnen sie auch heiklen Situationen in der Zukunft.

Tipp: Ein erfolgreiches Antistresstraining zu Hause sind simulierte Prüfungssituationen. Genauso wie Sportler oder Schauspieler proben, können auch Schüler ihre »Generalprobe« daheim ablegen – idealerweise begleitet mit den zuvor erlernten Entspannungstechniken.

Zwischen Nahrungsaufnahme und Emotionen gibt es unzählige Wechselwirkungen, die uns allen bekannt sind. Wer nervös oder frustriert ist, greift gern zu Süßem. Wer zu viel Fettes und Süßes isst, wird schlapp. Wer sich dagegen regelmäßig und ausgewogen ernährt, wird mit einem guten Körpergefühl belohnt und ist gut gelaunt. Das größte Problem bei Kindern und Jugendlichen hinsichtlich der Ernährung ist der enorm hohe Zuckerkonsum. Der geht nicht nur auf Kosten des Gemüse- und Obstverbrauchs, sondern bewirkt neben Übergewicht auch psychische Probleme. Ständige kleine Zuckersnacks in Form von Milchschnitten, Schoko- und klebrigen Müsliriegeln machen Kinder zappelig, unkonzentriert und reduzieren die Gedächtnisleistungen.

Zwar arbeitet das Gehirn mit nichts anderem als Glukose, also Traubenzucker, als Treibstoff. Es verbraucht ungefähr 20 Prozent des Blutzuckers, obwohl es nur zwei Prozent des Körpergewichts ausmacht, aber ein Überschuss an Zuckermolekülen muss vom Körper permanent beseitigt werden, wenn er nicht von Muskeln und anderen Organen verbraucht wird. Kommt zu dieser »Überforderung« schulischer Stress hinzu, behindern Stresshormone wie Cortisol und Noradrenalin die Denkleistungen. Grundsätzlich ist der Stresshormonpegel morgens am höchsten. Kommen jetzt ausschließlich Schokopops, Cornflakes, Marmeladesemmeln oder Nutellabrote auf den Frühstückstisch, ist die Zucker-Stress-Spirale perfekt. Ausgerechnet während der Schulstunden, in denen Schüler am meisten gefordert sind, ist ihre Denkfähigkeit im Tiefflug. Je mehr weißer Zucker in der Früh gegessen wird, desto mehr Stresshormone werden ausgeschüttet und umso geringer wird die Konzentrationsfähigkeit.

Was sollen Schüler also frühstücken? Schließlich brauchen sie Kohlenhydrate für ihre Ausdauer und für ihre gute Laune. Ernährungsphysiologen sind sich einig, dass komplexe Kohlenhydrate in Form von Vollkorn- oder Mischbrot, Obst, Müsli mit Nüssen und Milch oder Eiweiß in Form eines gekochten Eis für einen klaren Kopf sorgen. Ausschlaggebend ist hier der sogenannte glykämische Index, der bisher eher bei Diäten Mode machte. Forscher haben herausgefunden, dass das Gehirn am besten arbeitet, wenn es langsam und gleichmäßig mit Glukose versorgt wird. Je mehr der Blutzuckerspiegel durch schnell abbaubare Kohlenhydrate wie weißer Zucker nach oben gejubelt wird und dann wieder in den Keller rast, desto öfter verlangen Kinder wieder nach Zucker, um sich wohlzufühlen – ein Teufelskreis. Häufige Zuckerflashs in Form von Schokoriegeln in der Pause lassen die Kinder immer weiter in die Stressfalle gleiten.

Nach der Schule brauchen Kinder ein ordentliches warmes Essen. Da die Schulen in der Regel kein optimales Menü zur Verfügung stellen, bleibt den Eltern nichts anderes übrig, als wenigstens für eine Mahlzeit zu sorgen, die ernährungsphysiologisch den Anforderungen der Schüler entspricht. Gemüse, Reis, Nudeln, Kartoffeln, Salate, Hülsenfrüchte, Fleisch und Fisch sollten so wirkstoffschonend wie möglich zubereitet werden. In jungen Jahren wird die Geschmacksbildung geprägt. Geschmacksknospen, die nur Fast Food und Süßes angeboten bekommen, verkümmern. Je länger ihnen das Aromaspektrum vieler Gemüse- und Obstarten vorenthalten wird, desto weniger werden sie in Zukunft danach verlangen. Deswegen mögen Kinder oft kein »gesundes Essen«.

Nach dem Mittagessen ist eine Erholungspause erforderlich. Ein voller Magen lernt nicht gern! Verantwortlich für die Lernunlust nach dem Essen ist die Herabsenkung des Magenhormons Ghrelin, das auf das Gehirn wirkt. Ist der Hormonpegel hoch, kann man sich gut konzentrieren und hat bessere Gedächtnisleistungen. Am höchsten ist die Aufmerksamkeit bei leichtem Hunger. Britische Wissenschaftler der Yale School of Medicine hatten in Rattenexperimenten nachgewiesen, dass das Hormon in den Hippocampus wandert, den Gedächtniszwischenspeicher, in dem erst einmal die neuen Lerninhalte landen. Dort verändert es die Verbindungen zwischen den Nervenzellen. Da das »kluge Hormon« vor allem bei nüchternem Magen ausgeschüttet wird, sei das Lernen vor dem Essen besonders effizient, schlussfolgerten die Forscher. Auch bei der Ghrelin-Wirkung kommt wieder der Zucker nachteilig ins Spiel: Bekommt das Schülerhirn eine übermäßige Glukosedusche, wird die Produktion des Magenhormons unterdrückt, was sich negativ auf die Konzentration auswirkt.

- 14-Jährige und ältere brauchen zwei Liter Getränke am Tag (jüngere Kinder entsprechend weniger), damit sie optimal lernen können. Das beste Getränk ist Wasser! Limonaden und sogar Fruchtsäfte lassen das Gewicht steigen und die Konzentrationsfähigkeit fallen.
- Stellen Sie ein abwechslungsreiches, gesundes Frühstück zusammen. Die meisten Frühstücksflocken sind nichts weiter als Süßigkeiten. Eier, Schinken, Vollkornbrot, Obst, zuckerfreies Müsli aus Vollkornhaferflocken und Milchprodukte sind bestes »Doping« für ein ausdauerndes Denk- und Merkvermögen.
- Erklären Sie Ihrem Kind, dass permanente Nascherei auf Dauer stresst und das Lernen ohne die Süßigkeiten schneller und besser läuft.
- Perfekte Zwischenmahlzeiten sind Obst, Milchprodukte, Nüsse und Vollkornbrotjausen.
- Das gilt nach wie vor: Fünf Mal Obst und Gemüse am Tag! Vitaminmangel macht antriebslos und müde.
- Eiweiß auch bei Nudelliebhabern nicht vergessen! Fleisch, Milchprodukte, Eier und Fisch sind für ein gesundes Zellenwachstum Voraussetzung.

Tipp: Es gibt zahlreiche Ratgeber mit Ernährungstabellen auf dem Markt, die den glykämischen Index angeben. Schnelle Auskunft im Internet unter: www.diaetrechner.de

Machen Hirnjogging-Programme schlauer?

Gehirnjogging-Programme sind beliebt. Gedächtnistrainer, ob in aufmunterndem Pink oder in coolem Schwarz richteten sich zwar vorwiegend an ältere Leute, aber mit gut designten kleinen Computern hat die Industrie zunehmend junge müde Schülerhirne im Visier. Unterhaltsame und knifflige Übungen sollen die Konzentration vertiefen, die Aufnahmefähigkeit erweitern, das Gedächtnis verbessern und sogar die Kreativität fördern. Die vielversprechenden Multitalente lassen Eltern hoffen, dass dieses kluge Spielzeug ihren Kindern auch zu besseren Schulnoten verhilft. Schließlich verspricht der technische Denksport einen klugen Verstand im Gegensatz zum kritisierten Fernsehkonsum.

Zwar ist die Forschung hier noch am Anfang, einige aufschlussreiche Ergebnisse lassen sich aber bereits zusammentragen. Grundsätzlich freut sich das Gehirn, wenn es gefordert wird. Hat es eine Aufgabenstellung richtig beantwortet, löst eine Dopamindusche ein Glücksempfinden aus. So ist das auch bei Sudokus, Rätselknobeleien, Kreuzworträtseln oder modernen Denksportspielen.

Die Frage ist nun allerdings, ob diese Gedächtnisherausforderungen auch für andere Gebiete nützlich sind. Wird der Sohn durch sein erfolgreiches Hobby Sudoku auch in den Schulfächern besser? Kann die Tochter durch ihre Nintendospiele jetzt ihre Geschichtsdaten besser behalten? Gibt es Transfereffekte durch Hirnjogging-Programme auf andere kognitive Fähigkeiten? Die meisten Neurowissenschaftler bezweifeln das. Sie sind der Überzeugung, dass man eben nur genau jene Herausforderung besser bewältigt, die man oft übt. Wer häufig Sudoku spielt, wird bei Aufgaben des assoziativen Schlussfolgerns besser, aber bei keiner anderen Tätigkeit. So können Schachgenies durch stundenlanges Training zwar alle Schachzüge im Gedächtnis behalten. Die Erinnerungsfähigkeit an Englischvokabeln oder ein Erlebnis aus dem letzten Sommer muss deshalb nicht besser sein als bei »normalen Menschen«, weil sie sich hierauf eben nicht so intensiv konzentriert haben wie auf Schachzüge.

Interessant für die Forschung ist allerdings, inwieweit sich die Kapazität des Arbeitsgedächtnisses durch spezielle Programme erweitern lässt. Das Arbeitsgedächtnis bearbeitet Informationen, die gerade hereinkommen. Es wird zur Bewältigung des Alltags permanent gebraucht. Hier wird die Aufmerksamkeit gesteuert, gleichzeitig wird die aktuelle Wahrnehmung mit den Informationen aus dem Langzeitgedächtnis verbunden, die durch diesen Prozess wieder bewusst werden. Wenn ein Schüler eine komplexe Mathematikaufgabe lösen muss, ist seine Herausforderung die, möglichst viele Einzelelemente in seinem Arbeitsspeicher festzuhalten und sie zu verarbeiten. Da die Gedächtnisspanne des Arbeitsgedächtnisses nur sehr kurz ist, muss er sich stark konzentrieren, damit ihm die Gedankenkette nicht wieder zerfällt und er von vorn beginnen muss.

Es gibt viele Studien, die durch wissenschaftliche Hirnjogging-Programme belegen können, dass sich das Arbeitsgedächtnis erweitern lässt. Allerdings müssen die Herausforderungen beim professionellen Hirnjogging oft und regelmäßig stattfinden und dazu immer schwieriger werden, um einen besseren Effekt auf das Gedächtnis zu erzielen. Schließlich arbeitet das Gehirn langsam. Wer nur einmal in der Woche ins Fitnessstudio geht, wird auch kein Muskelpaket.

WAS KÖNNEN ELTERN TUN? PLAN OF ACTION

Dieser Aktionsplan soll konkrete Hilfestellung bieten, mit welchen nützlichen Lernstrategien Schüler ihr Gedächtnis nach und nach verbessern können. Wichtig für eine optimale Einspeicherung ist eine förderliche Lernatmosphäre, in der das Gedächtnis möglichst stressarm gute Leistungen vollbringen kann. Grundsätzlich haben junge Menschen, verglichen mit Erwachsenen, ein sehr gutes und aufnahmefähiges Gedächtnis. Oft verhindert allerdings der Alltag, dass Lerninhalte konzentriert und tief genug verarbeitet, und damit auch später wieder abgerufen werden können. Oder aber das Lernen zu Hause war gut und ausreichend, aber ein Blackout bei der Prüfung lässt das Wissen vorübergehend aus dem Bewusstsein verschwinden. Dann wird selbst ein fleißiger und gewissenhafter Schüler trotz Wissen schlecht benotet.

Es gibt viele Gründe, warum etwas behalten oder eben wieder vergessen wird. Einige Grundsätze stehen allerdings fest, wenn es darum geht, das Gedächtnis fit zu machen oder Wissen wieder zu vergessen:

- Das Gedächtnis ist wie ein Körpermuskel, der wächst, wenn man ihn trainiert, und der erschlafft, wenn man ihn nicht fordert. Unterforderung schadet dem Gedächtnis nachweislich genauso wie eine Reizüberflutung. Die Gedächtnissysteme lernen nichts ohne Gefühl. Sie müssen neuen Inhalten Bedeutung zumessen.
- Das Gedächtnis lernt schlecht unter Stress.
- Reizüberflutung verhindert eine optimale Einspeicherung von Lerninhalten.
- Je konzentrierter, länger und tiefer das Gedächtnis Neues verarbeitet, desto besser kann dies erinnert werden.

- Das Gedächtnis behält nur schwer Einzelheiten, dafür aber Regeln und Zusammenhänge.
- Das Gedächtnis lernt immer über Assoziationen.
- Jeder neue Lerninhalt verändert unser Gehirn und somit auch unser Gedächtnis. Deswegen ist jedes Gedächtnis individuell und neues Wissen wird immer an individuell vorhandenem Wissen angeknüpft.
- Je mehr wir lernen, desto leichter fällt es dem Gedächtnis, neue Inhalte zu speichern.
- Neue Lerninhalte speichert das Gedächtnis während des Schlafes in das Langzeitgedächtnis ab.
- Das Gedächtnis braucht Erholung.

Schneller Aktionsplan für eine Woche

Das Wichtigste ist, Kindern deutlich zu zeigen, dass sie mit allen Problemen zu den Eltern kommen können. Schulstress muss zu Hause so gut es geht abgebaut werden können, sonst werden Kinder zu Schulverweigerern. Auch wenn das Schülerleben besser organisiert werden soll und muss: Überfrachten Sie Ihre Änderungspläne nicht gleich zu Beginn. Kinder brauchen ihr freies Spiel und Erholung im Schulalltag.

- Beginnen Sie mit dem Test nach S. 80. Er zeigt, wo das Potenzial Ihres Kindes liegt und in welchen Bereichen es besondere Unterstützung benötigt.
- Machen Sie den Lerntypentest, den Sie auf der Internetseite www.focus-schule.de herunterladen können. Hier erfahren Sie, auf welche Art und Weise Ihr Kind etwas am besten behält.
- Starten Sie anhand des Testergebnisses einen Versuch. Gehen Sie mit Ihrem Kind beispielsweise in den Zoo und verabreden Sie, etwa 15 Details im Elefantenhaus zu erinnern. Wie kann sich Ihr

Kind diese Details am besten merken? Überprüfen Sie nach einer Woche, wie viele davon hängengeblieben sind.

- Reden Sie täglich mit Ihrem Kind über seine Erlebnisse in der Schule. Interessieren Sie sich glaubhaft für das Schulleben, auch wenn alles gut läuft.
- Schreiben Sie gemeinsam auf, was in der Schule gut funktioniert und was nicht, was Sie ändern wollen und welche (vielleicht unterschiedlichen) Vorstellungen bei Ihnen und Ihrem Kind darüber bestehen. Ein Mindmap könnte helfen, sich über Dinge klarzuwerden (siehe S. 101).
- Versuchen Sie die Schulsachen gemeinsam mit Ihrem Kind zu ordnen und einen klaren Überblick zu schaffen. Richten Sie mit Ihrem Kind einen Arbeitsplatz ein, an dem es sich wohlfühlt. Unterlagen und Bücher sollten nach Fächern geordnet werden und Nachschlagewerke immer am selben Ort stehen – auch Internetlinks zu wichtigen Nachschlageseiten sollten gut sortiert und leicht auffindbar sein im benutzten Internetbrowser.
- Kinder sind stolz, auch schon »erwachsene« Utensilien zu besitzen. In einem Terminplaner an der Wand oder auf dem Schreibtisch können wichtige Schulaufgaben, Referate und Klassenarbeiten eingetragen werden, genauso wie Geburtstage und Freizeittermine.
- Einigen Sie sich mit Ihrem Kind auf einen Tagesplan, der erst einmal eingehalten werden sollte. Gegebenenfalls besteht nach einer Woche die Notwendigkeit, den Plan zu modifizieren. Aber ein Zeitgerüst gibt Sicherheit und verhindert Missverständnisse sowie immer neue Diskussionen darüber, wann und ob endlich die Hausarbeiten erledigt sind. Jedes Kind hat einen individuellen Rhythmus, der sich im Zeitplan niederschlagen sollte.
- Bei Kindern mit Schulproblemen sollten Eltern die Hausaufgaben überprüfen. Ein Feedback ist wichtig, vor allem, wenn man Gewohnheiten ändern will. Loben Sie Dinge, die schon recht gut geklappt haben!
- Verabreden Sie mit Ihrem Kind auch den Fernseh- und Computerspiele-/Playstation-Konsum und erklären Sie ihm, dass Fernsehen direkt nach den Hausaufgaben das gerade Gelernte im

Gedächtnis behindert. Kinder wollen, dass sich ihre Anstrengung lohnt und haben hier vielleicht mehr Einsicht als man glaubt.
- Direkt vor Prüfungen sollte der Medienkonsum möglichst niedrig sein und auch nicht direkt vor dem Einschlafen stattfinden. Dafür ist ausreichend Schlaf wichtig.
- Versuchen Sie gemeinsam mit Ihrem Kind ein Frühstück zu kreieren, das möglichst wenig Zucker hat, damit es sich während der Schulstunden optimal konzentrieren kann. Achten Sie überhaupt auf regelmäßiges Essen und ausreichend Flüssigkeit, am besten Wasser.

Mittelfristiger Aktionsplan für einen Monat

Geduld ist wichtig. Schließlich betreffen gute Vorsätze und Verhaltensänderungen die gesamte Familie. Überlegen Sie mit Ihrem Kind nach etwa zwei Wochen, was sich bisher geändert hat, was gut funktioniert oder unbedingt geändert werden sollte, weil Zeitstress entstanden ist. Lernen funktioniert über Assoziationen, also Bilder, die im Kopf entstehen und als solche auch wieder ins Bewusstsein gelangen, wenn sie beispielsweise durch Gerüche, Namen, Gesichter oder durch eine Musik geweckt werden. Zoo, Museen, Kino, botanischer Garten oder einfach ein Ausflug in den Wald machen Spaß und regen zum selbstverständlichen Lernen an, ohne dass Kinder dies als solches empfinden.

- Machen Sie mit Ihrem Kind immer wieder Gedächtnisspiele und testen Sie in Abständen, wieviel es behält. Erstellen Sie zum Beispiel eine Einkaufsliste mit 20 Sachen und fordern Sie Ihr Kind auf, sich diese Liste einzuprägen. Steigern Sie den Schwierigkeitsgrad.
- Präzisieren Sie mit Ihrem Kind, in welchen Fächern welche Probleme auftreten. Sprechen Sie mit dem Lehrer und lassen Sie

sich seine Sicht der Dinge erklären. Möglicherweise hat er konkrete Vorschläge. Wenn nicht, versuchen Sie selber einen Lernplan für die Nachmittage zu erstellen. Vielleicht ist auch ein Nachhilfelehrer notwendig und leistbar. Denken Sie daran, dass Nachhilfe immer nur zeitlich begrenzt sein sollte und kein Dauerzustand.

- Achten Sie darauf, dass Ihr Kind Verabredungen mit Ihnen einhält, und werden Sie selber nicht inkonsequent. Zuverlässigkeit und Konsequenz sind wesentliche Faktoren, die auf Dauer viel Ärger ersparen, auch wenn am Anfang die Anstrengung überwiegt.
- Ist es vielleicht inzwischen zu einer Selbstverständlichkeit geworden, dass sich die Familie beim Abendessen darüber unterhält, was am Tag los war? Das wäre gut so. Kinder können auf diese Weise nicht nur ihre Sorgen erzählen, sondern haben auch ihr Publikum für Erfolgsgeschichten. Außerdem lernen sie »kleine Reden« zu halten. Die Wiedergabe der Geschehnisse schult auch ihr Gedächtnis.
- Liest Ihr Kind gern? Wenn nicht, dann lesen Sie ihm vor. Machen Sie ihm Lektürevorschläge, die es thematisch reizen könnten, Comics eingeschlossen. Lesen gehört mit zu den wichtigsten Lernstrategien für das Gedächtnis. Vorlesen am Abend bei kleineren Kindern sollte zum Ritual werden. Größere Kinder sollten immer wieder zum Lesen animiert werden, wenn nicht durch Bücher, dann vielleicht durch Zeitschriften. Erkundigen Sie sich nach den Inhalten der Lektüre.
- Diskutieren Sie mit Ihrem Kind alltägliche Probleme, die anfallen. Fordern Sie es auf, zu einer naheliegenden Problemlösung Alternativen zu finden. Das Gedächtnis muss sich für die Ideenfindung anstrengen und wird dabei trainiert.
- Achten Sie darauf, dass Ihr Kind ausreichend Bewegung bekommt. Ballspiele, Leichtathletik, Tanzen oder Karate fördern nicht nur durch die Sauerstoffzufuhr die Denkfähigkeit, sondern erhöhen durch verschiedene körpereigene Substanzen, die beim Sport produziert werden, auch die Gedächtnisleistung.

Langfristige Strategie: In einem halben Jahr

Besprechen Sie in der Familie, inwieweit die Strategieänderungen im Schul- und Familienalltag Früchte tragen. Kleine Erfolge sind wichtig und sollten unbedingt gelobt und anerkannt werden. Hat das Kind auch nach einem halben Jahr gravierende Schulprobleme trotz gemeinsamer Anstrengungen von Eltern und Lehrern, vielleicht sogar Schulangst oder psychosomatische Erkrankungen wie Kopfschmerzen oder ständige Müdigkeit, sollte ein Kinderarzt oder Schulpsychologe zu Rate gezogen werden. Fühlt ein Kind sich ständig überfordert, müssen grundlegendere Änderungsmaßnahmen überlegt werden, wie eine Klassenwiederholung oder ein Schulwechsel. Oft entspannt sich die Situation dadurch besser als angenommen.

- Kinder müssen mit der Zeit lernen, Selbstverantwortung für ihre schulischen Dinge zu übernehmen. Ihnen muss durch Gespräche immer wieder klargemacht werden, dass ihnen niemand das Lernen abnehmen kann, und dass sie für die »Architektur« ihres Gedächtnisses selbst zuständig sind.
- Nichtverstandener Lernstoff sollte am besten persönlich erklärt und nicht einem Computerprogramm überlassen werden. Kinder verstehen Lerninhalte intuitiv besser, wenn man sie ihnen in kleinen Portionen nahebringt und das Lernergebnis mit Fragen überprüft. Scheuen Sie sich nicht, hier auch eigenes Nichtwissen zuzugeben und schauen Sie dann gemeinsam mit Ihrem Kind die Wissens- und Verständnislücken nach.
- Vor Prüfungen haben Schüler Sorgen, dass sie ihr Gelerntes wieder vergessen. Grundsätzlich gilt, dass oftmaliges Üben, Assoziieren oder Beispielerklärungen helfen. Eine gute Unterstützung bieten aber auch Spickzettel. Sich darauf zu konzentrieren, das Wichtigste in Stichworten auf kleine Blätter zu schreiben, ist bereits eine Gedächtnisleistung, die große Chancen hat, gut erinnert zu werden – auch ohne den Spickzettel.

- Trainieren Sie das Gedächtnis Ihres Kindes auch darin, Verantwortung und Aufgaben in der Familie zu übernehmen, wie den Hund ausführen, die Spülmaschine ausräumen usw.
- In den Ferien »erlahmt« das Gedächtnis nachweislich. Trotz Erholungsanspruch: Ein wenig Wiederholung zum Ferienende ermöglicht einen sanfteren Neustart bei Schulbeginn. Im Urlaub kann man versuchen, über das besuchte Land etwas in Erfahrung zu bringen, die Kinder können Sprachen oder neue Sportarten lernen, all das hilft, das Gehirn auch in den Ferien auf Trab zu halten.

Literatur (Auswahl)

Maria Beyer: BrainLand. Mind Mapping in Aktion. Junfermann 1993.
Die Pädagogin und Mind Mapping-Trainerin gibt in diesem Klassiker eine gute Einführung mit vielen leicht verständlichen Beispielen und Übungen.

Sarah-Jane Blakemore, Uta Frith: Wie wir lernen. Was die Hirnforschung darüber weiß. DVA 2006.
Hirnforschung zum Thema Lernen anschaulich und ausdrücklich für ein breites Publikum geschrieben.

Ralph Caspary (Hg.): Lernen und Gehirn. Der Weg zu einer neuen Pädagogik. Herder Spektrum 2006.
Aufsätze von führenden deutschen Hirnforschern, Neurobiologen, Psychologen, Pädagogen und Didaktikern. Aus ihrer spezifischen Perspektive fassen sie ihre Positionen zum Thema Lernen und Gehirn gut verständlich zusammen und geben Hinweise, wie Kinder beim Lernen unterstützt werden sollten.

Gerald Hüther, Wolfgang Bergmann: Computersüchtig. Kinder im Sog der modernen Medien. Walter-Verlag 2004.
Der Psychiater und Neurobiologe Hüther und der Erziehungswissenschaftler und Familienpsychologe Bergmann stellen die Frage nach den Ursachen der Zeitkrankheit Computersucht. Wer ist gefährdet? Wie werden die Seelen unserer Kinder durch die neuen Medien geprägt? Wann beginnt die Sucht? Die Autoren zeigen praktische Wege auf, wie Eltern helfen können.

Gerald Hüther, Helmut Bonney: Neues vom Zappelphilipp. ADS/ADHS verstehen, vorbeugen und behandeln. Patmos 2007.
Der Hirnforscher Hüther und der Familientherapeut Bonney erklären verständlich und einfühlsam, was Eltern über Aufmerksamkeitsstörungen und Hyperaktivität wissen müssen, und warum das Medikament Ritalin allein keine Lösung ist.

Aljoscha Neubauer, Elsbeth Stern: Lernen macht intelligent. Warum Begabung gefördert werden muss. DVA 2007.
Die zentrale These der beiden Psychologen ist, dass Begabung zwar wichtig ist, aber ein Weniger an Begabung nicht selten durch

ein Mehr an Lernen wettgemacht werden kann. Sie beschreiben, welche Lernangebote in welchem Alter gemacht werden sollten.

Ernst Pöppel: Gekonnt denken. Geistig fit durch den Tag und die Nacht. Belenus Deutscher Sportverlag, 2006.

Ein leicht lesbarer Ratgeber zum Thema Gehirn. Dabei zeigt der Hirnforscher auf, welche Rolle die Ernährung, der Schlaf und die Bewegung für die geistige Leistungsfähigkeit spielen. Zudem gibt es unterhaltsame Trainingsaufgaben.

Manfred Spitzer: Lernen. Gehirnforschung und die Schule des Lebens. Springer Verlag 2007.

Der Ulmer Psychiater erklärt auf populärwissenschaftliche Weise, wie Lernen funktioniert. Ein anregender und kontroverser Überblick über die Lernforschung.

Internetseiten

www.focus-schule.de

Das Bildungsmagazin bietet aktuelle Informationen, Lernhilfen und ein Testcenter. Hier können Sie einen individuellen Lerntypentest herunterladen, einen Prüfungschecker oder eine Vorlage für ein Lerntagebuch.

www.bildungsserver.de

Auf der Homepage von Bund und Ländern findet man ausführlich und ausgezeichnet aufbereitet verschiedene Verbände, die Schule, Kinderschutz und Erziehung betreffen. Dazu gibt es viele Hinweise zum Thema Lernförderung, Links zu Online-Enzyklopädien, Aufsätze zum Thema Sicherheit im Internet.

www.familienhandbuch.de

Gute und mehrsprachige Adresse des Staatsinstituts für Frühpädagogik in Bayern für viele Fragen zur Kindererziehung und Pädagogik mit Links und Literaturtipps.

www.schule.at

Das offizielle österreichische Schulportal bietet alles zum Thema Schule. Zum Thema Gedächtnis und Lernen findet man Infotipps und Links schnell nach folgendem Wegweiser: > Information > Eduthek > Fachgebiete > Psychologie > Gedächtnis und Lernen.

www.legasthenie.net
Beim Bundesverband Legasthenie und Dyskalkulie e. V. erhalten Eltern Informationen, die bei ihren Kindern eine Lernstörung vermuten: Adressen von Orten und Landesverbänden, Ratschläge, Links, Infomaterial.

www.adhs-deutschland.de
Der Bundesverband bietet umfangreiches Infomaterial, Literaturtipps und Projekthinweise. Er hilft bei der Suche nach Selbsthilfegruppen in Ihrer Nähe und berät telefonisch.

www.logios.de
Im Netzwerk Hochbegabung bietet diese Homepage ausführliche Infos für Eltern, Lehrer und Schüler aus schulpsychologischer Sicht, Beratung, Förderung, Surftipps, Diskussionsforum und Chat.

www.schulkompass.de
In der Schuldatenbank für weiterführende Schulen finden sich Fakten und Bewertungen zu mehr als 7000 Schulen. Wer eine neue Schule für sein Kind sucht, wird hier sicher fündig.

www.schulbuchzentrum-online.de
Hier wird nach einer Onlinediagnose individuelles Lern- und Fördermaterial je nach Kompetenzstand des Schülers angeboten.

www.flimmo.de
Besser geht's kaum. Der Verein »Programmberatung für Eltern e. V.« bietet hier umfangreiche und differenzierte Informationen zu den Fernsehsendungen, die Kinder interessieren.

www.nachhilfenet.de/hausaufgaben.php
Hier erhält man viele Tipps zum Thema effektives Lernen, Hausaufgaben oder Referate, angefangen von frischer Luft über Ernährungstipps, Ordnung am Arbeitsplatz, Zeitplanung sowie Lernhilfen.

www.kikuma.de
Der Kinder-Kultur-Kalender listet alle interessanten Veranstaltungen für Kinder aktuell auf.

Bildnachweis

S. 28 Gabriele Kantzmann, Das Wunder im Kopf. ZS Verlag Zabert Sandmann GmbH, München
S. 33 Prof. Dr. Martin Korte
S. 45 Gehirn & Geist/Siganim
S. 102 Anna Nagy

Pflichtlektüre für engagierte Eltern.
6-mal im Jahr!
FOCUS SCHULE
Stress nach Noten
FOCUS SCHULE
Mobbing
FOCUS-SCHULE liefert 6-mal im Jahr alles Wissenswerte zum Thema Lernen, Bildung und Familie. Inklusive Tipps für ein kluges, stressfreies Bildungsmanagement, Erfolg versprechende Übungsstrategien und vieles mehr.
Plus: in jeder Ausgabe ein Lernatlas mit Lerntipps, Aufgaben und Spielideen für alle Jahrgangsstufen.
www.focus-schule.de/abo
Hotline: 0180 5 210 9000*
*€ 0,14/Min. aus dem Festnetz der Deutschen Telekom; abweichende Preise für Anrufe aus den Mobilfunknetzen